生活物理 体验穷理

——生活体验活动及其 在中学物理教学中的应用

刘 崎 / 著

东北师范大学出版社

长 春

图书在版编目（CIP）数据

生活物理 体验穷理：生活体验活动及其在中学物理教学中的应用 / 刘崎著. — 长春：东北师范大学出版社，2020.4
ISBN 978-7-5681-6840-3

Ⅰ.①生… Ⅱ.①刘… Ⅲ.①中学物理课—教学研究
Ⅳ.①G633.72

中国版本图书馆CIP数据核字（2020）第063541号

□策划创意：刘　鹏
□责任编辑：李爱华　谷　迪　□封面设计：姜　龙
□责任校对：刘彦妮　张小娅　□责任印制：张允豪

东北师范大学出版社出版发行
长春净月经济开发区金宝街 118 号（邮政编码：130117）
电话：0431-84568115
网址：http://www.nenup.com
北京言之凿文化发展有限公司设计部制版
北京虎彩文化传播有限公司
廊坊市广阳区廊万路 18 号（邮编：065000）
2022年6月第1版　2022年6月第1次印刷
幅面尺寸：170mm×240mm　印张：12.75　字数：200千

定价：45.00元

让教科研成果落地生根

　　创新是国家发展战略的核心，是推动社会进步的动力，是人类的进步、社会的发展，这些都依赖于人们的不断创新。笔者在物理教学实践中发现：给学生提供更多的体验空间，充分发挥学生的主体性更有利于培养学生的创新能力。基于上述思考，笔者有意识地发现、收集生活中的教学案例，进而总结出行之有效的方案，在相关理论依据下，于教学中进行实践研究，并于2015年申报广东省教育科学"十三五"规划重点项目——"基于生活体验的高中物理有效教学实践研究"。经广东省教育科学规划领导小组批准，项目于2016年6月获得立项。

　　三年来，在课题组全体成员的努力下，我们务实开展实验工作，有序推进各项研究计划，取得了明显的效果。课题于2018年10月顺利结题，课题成果《生活体验活动在中学物理教学中的应用》荣获2018年广东省中小学教育创新成果二等奖。

　　2018年8月，广东省刘崎名师工作室正式成立，课题研究成果因此有了更好的机会面向深圳市多所中学进行宣传和推广。一年来，在广东省刘崎名师工作室全体成员的大力支持下，我们进一步充实和完善了课题成果：以"生活物理　体验穷理"教学思想为指引，着力在梅州市不同层次学校探索实施

"体验、建构、发展"的开放式教学模式，努力寻找能够达成"过程与方法"课程目标的关键点，为不同区域学生的学习提供多种生活体验。

笔者参加"第29届广东省中小学教育创新成果颁奖大会"

广东省刘崎名师工作室开展跟岗学习研修活动

2018年12月，受广东省朱建山名师工作室的邀请，笔者在深圳光明区马山头学校为深圳、河源、台山三地名师工作室学员做《生活体验活动在中学物理教学中的应用》物理课题研究成果的专题讲座。

笔者受邀到深圳光明区马山头学校开展学术交流

学习者1说：

2018年12月19日下午，我有幸通过广东省新一轮"百千万人才培养工程"这一平台听了刘崎老师"生活物理　体验穷理"的讲座，收获良多。同样是薄弱地区、薄弱学校，如何结合地区教学现状、发展特点寻求一种适合本校学情的教学模式也是我们迫切需要解决的一个课题。

刘崎老师团队开发的教学案例中处处体现了在生活中体验物理的思想，如研究火车轨道模型、砖碎蛋全、流不出来的水、自制"动态圆"、鸡蛋撞地球、研究反冲运动（气球、水火箭等）等。多个案例配合图片呈现，让人眼前一亮、兴趣盎然。这就是以贴近生活的形式呈现的物理现象、物理规律，真正让物理走向生活，使学生学习物理的难度降低了，让学生对物理学习产生了兴趣并爱上了物理。

——河源市东源中学　习丽清

学习者2说：

今天，聆听了刘崎老师关于"生活体验活动在中学物理教学中的实践研究"的报告，感触很深。因为我所在单位也是欠发达地区，也没有高大上的实验室和器材，教师经常抱怨连最基本的演示实验仪器都没有，所以课堂上"满堂灌"的很多，造成很多学生喜欢物理但不喜欢物理课的局面。今天听了刘崎老师的报告，看到他们用最简单最普通的材料自制了很多物理实验的教具，心生敬佩之情。他们用简单教具带给学生一个个有生活体验的活动，学生参与其中，非常享受物理学习的过程。看到学生露出的微笑就知道学生体验到了成功的喜悦，这就是学习的一个驱动力。

——台山市华侨中学　汪少姬

　　能够有机会将课题成果在发达地区推广是笔者的荣幸，下一步我将通过广东省名师工作室这个平台进一步把课题成果整理和推广，努力把教育科研成果转化为教育教学思想，为不同区域学生的学习提供多种途径，从而实现让教科研成果真正落地生根。

刘　崎

2019年12月

目录

第三章
电磁学课堂体验活动案例及教学设计

第四章

热学、光学课堂体验活动案例及教学设计

第五章
课外体验活动案例及学生成果

第一章

生活体验的建构模式

　　物理与生活有着密切的联系，生活的衣、食、住、行中都蕴含着无数物理知识。20世纪六七十年代，朱正元教授提出"从实际情况出发，自己动手，就地取材，因陋就简，土法上马"的口号，影响了一代又一代的物理教师。在中学物理教学中，基于生活经验，利用身边的生活资源和自然资源开展一类具有趣味性、简单性、生活化的可操作的生活体验活动，通过构建开放发展的教学模式，引导学生合作体验、自主探究，能有效地发展学生的实践创新能力，从而培养学生正确的科学态度和价值观。

　　本章就其理论基础和建构模式进行介绍，以供同行参考。

第一节　生活体验的基本内涵

一、提出背景

物理学是研究物质最基本最普遍的运动形态和物质基本结构、相互作用及其运动的基本规律的基础学科，它是现代技术的理论基础。物理学与生产技术和社会生活的联系是十分密切的，在人类社会生产生活中有着广泛的应用。《高中物理课程标准（2017年版）》在课程基本理念中明确指出，高中物理课程在内容上应精选学生终身学习必备的基础知识与技能，加强与学生生活、现代社会及科技发展的联系，反映当代科学技术发展的重要成果和新的科学思想，关注物理学的技术应用所带来的社会问题，培养学生的社会参与意识和对社会负责任的态度；在课程总目标中提出，学习终身发展必备的物理基础知识和技能，了解这些知识与技能在生产生活中的应用，关注科学技术的现状及发展趋势。

随着新一轮课程改革的深入进行，物理教学越来越注重与实际生活的联系，各个层次，各种与之相关的比赛也都如火如荼地进行着。但是通过对在校高中学生的调查不难发现，学生对生活中很多常见的物理现象了解得并不十分清楚，学生所表现出来的物理学习能力上的缺陷普遍存在。这里的学习能力包括观察能力，分析问题、解决问题的能力，逻辑思维能力等。同时由于物理学科相对来说比较抽象，好多学生学习的兴趣也不是那么强烈。这一情况与物理学科的特点有关，也与我们教师的教学观念、学生的升学压力有关。传统的教学模式学术化倾向较严重，侧重学科训练，有很多教师还在遵循"老师讲、学生听、记笔记、做运算"的教学方式，学生对物理概念的理解、对规律的总结不是建立在知识完整性的基础上，而是通过教师对典型习题的讲解，大量的练习，并加以强化训练得来的。这种教学模式过于重视学生学习的认知性结果，忽视了学生的过程性体验，使学生获得的知识是一些孤立的信息或材料，导致学生机械记忆，不利于学生对知识的迁移。因此，这种物理教学是极其低效的，这是值得中学物理教师思考的问题。

应试教育下的物理教学中，学生学到的知识是表层的，对物理的概念和规律的理解是模棱两可的，学生不清楚其本质，当然也就不能把知识灵活地迁移到其他环境中，进而导致学生学习困难，且以教师为主体的教学模式培养出的学生在动手、探究和创新等方面都存在很大的缺陷。这一教学模式阻碍和压抑了学生的个性发展。由此可见，受应试教育的影响，学生"喜欢物理，却不喜欢物理课"成为长期困惑物理教师的一种现象。

二、研究现状

教育教学与生活的联系是中外基础教育课程改革备受关注的问题，各国都注重以学生生活世界中的元素为出发点来实施教育教学。关于以学生的生活经验为出发点实施教育教学，国内外很早就有研究了，并且提出了很多可供借鉴的观点和理论。

1. 国外研究现状

17世纪捷克的教育理论家夸美纽斯在其著作《大教学论》中提出了"教育适应自然"的原则。他提出："我们的格言当是凡事都要追随自然的领导，要去观察能力发展的次第，要使我们的方法依据这种顺序。各级学校自始至终要按学生的年龄及其已有的知识循序渐进地进行教导。"自然发展是有一定规律性和顺序性的，教育发展也是这样的，要根据学生的身心发展情况以及已有的知识经验实施教育教学。将教育与自然发展联系起来，初步体现了教育教学与生活的联系。

20世纪初美国教育家杜威针对美国当时的学校教育脱离生活和社会实际的状况，在批判斯宾塞、赫尔巴特等人的传统教育理论的基础上率先提出了"教育即生活"的全新观点。杜威从教育与社会生活的关系这个角度提出教育的本质即生活，他说："没有教育即不能生活。所以我们可以说：教育即生活。"在他看来，最好的教育就是"从生活中学习"，学校教育应该利用现有的生活情境作为其主要内容，要把教育与学生眼前的生活结合起来，教

3

学生学会适应眼前的生活环境。在课程观方面，杜威提倡生活经验的重构，其基本精神就在于关注学生的日常生活世界，充分肯定他们的发展，而这一切只有通过个体的经验才能实现。杜威的"教育即生活"理论对于美国教育回归科学发展的轨道产生了深远的影响。

20世纪二三十年代西方发达国家提出STS教育，STS是science、technology、society（科学、技术、社会）的简称，其研究目的是改变科学技术和社会脱节的状态。STS教育是科学教育改革中兴起的一种新的科学教育构想，强调理解科学、技术和社会三者的关系，重视科学、技术在社会生产、人们生活中的应用。STS教育就是教育与生活相联系的思想的一个运用实例，目前STS教育理论的应用在英、美、澳以及菲律宾等国家已取得了显著成效。近年来，英国的"社会背景中的科学"、荷兰的"社会中的物理"、美国的"社会中化学"等著名的STS项目，大多以学生所面临的社会问题或生活问题为中心来编排内容，试图通过这些内容的学习，使学生掌握参与经济生活、政治决策、公众对话等活动所需的知识、技能和态度。

进入21世纪，为在全球化的市场竞争中将科学知识与产品生产联系起来，将科学转化为实践成果，美国率先提出了STEM教育。STEM是科学（science）、技术（technology）、工程（engineering）和数学（mathematics）的英文简称，是将技术和工程学并入常规课程，以某个学科自身为研究对象的科学，使多个学科合为一体，真正实现跨学科教学的有机融合。STEM教育就是"做中学""真实情况下学""合作学"，它是在培养上层的认知水平，而不是传统的简单的记忆理解。2009年，美国政府将STEM教育列为美国学生的教学重点，它让学生在寓教于乐中学习、在玩中学习，实现素质的综合发展。

2. 国内研究现状

近现代中国研究教育教学与生活实际的联系的学者中影响较大的有陶行知、陈鹤琴、杨贤江等人。20世纪30年代，我国教育家陶行知先生根据中国的教育现状，在对杜威的理论加以改造的基础上形成了生活教育理论，其基本内涵是"生活即教育""社会即学校""教学做合一"。"生活即教育"是其生活教育论的核心，他认为，教育要有生活的意义；实际生活是教育的中心：生活决定教育，同时教育改造生活。"社会即学校"是指以社会为学校，必须依照社会的需要来改造传统的学校，使学校教育与社会生活相统一，学校通过与之结合而成为社会生活必不可少的组成部分。"教学做合一"是"生活即教育"在教学方法上的具体化。陶行知把教育看成人的生活，认为生活过程是受教育的过程，人的一生应该在教育中延续和发展。教育的根本目的在于建构人的完满高尚的生活，实现人生的价值。

随后陈鹤琴在陶行知"生活教育"理论的基础上，提出"活教育"理论。"活教育"的思想体系主要包括目的论、课程论、方法论。"活教育"的目的是"做人，做中国人，做现代中国人"。"活教育"的课程提倡向大自然学习，他说："大自然、大社会都是活教材。""活教育的课程是把大自然作为出发点，让学生直接对它们去学习。"同时他还提出了"五指活动"的课程方案，即学生健康活动、学生社会活动、学生自然活动、学生艺术活动、学生文学活动。"活教育"的教学方法是"做中教，做中学，做中求进步"，重视室外活动，重视学生的生活体验。

第二节　生活体验的理论综述

一、理论基础

卢梭的自然主义教育思想的核心是"归于自然"，提出让学生从生活和实践出发，通过感官感受去获得所需知识；我国学者陶行知在对杜威的教育理论进行发展和完善的基础上创立了"生活教育"理论，提出"生活即教育"；现代建构主义学习理论也提出为学生创设真实的问题情境，倡导学生在生活经验的基础上进行建构性学习；人本主义学习理论强调人的价值，重视人的主观能动性、选择和意愿，认为学习者是学习的主体。

1. 卢梭的自然教育思想

卢梭（1712—1778）是18世纪法国伟大的启蒙运动者、教育家。他的教育代表作《爱弥尔》在近代教育史上居于十分重要的地位。在西方教育史上，他第一次明确提出了教育应从人的自然本性出发，使人得到充分自由的发展。

卢梭认为，人的教育来自三个方面："天性"的教育、"人为"的教育和"事物"的教育。"天性"的教育是指遵循受教育者的身心发展潜能进行的教育；"人为"的教育是指教育者对受教育者所施加的有意识、有目的的指导作用；"事物"的教育是指周围环境对于受教育者的影响。他提出真正的教育应当是顺应学生天性发展的教育，即自然教育。

2. 陶行知的生活教育理论

陶行知先生是中国近现代教育史上伟大的人民教育家，他在教育方面的贡献是无法磨灭的。"生活教育"理论是陶行知的基本理论，贯穿他的教育思想和实践的各个方面，它包括教育目的、教育内容和教育方法。生活教育理论主要包括三个观点："生活即教育""社会即学校""教学做合一"。

"生活即教育"是生活教育理论的核心，它既是生活教育理论的教育目的论，又是教育内容。它包含三层含义：生活教育是人类社会原来就有的，自有人类生活产生便有生活教育，生活教育随人类生活的变化而变化；生活决定教育，实际生活是教育的中心；教育的意义是使生活变化，是生活向前向上的需要。陶行知认为："生活与生活的摩擦，才能起到教育的作用。"虽然说生活决定教育，但并不是说教育仅是消极地"适应生活"，而是主张以实际生活教人去追求向前向上的生活。陶行知的"生活即教育"思想是对教育脱离实际生活的批判（虽然说教育要联系生活，但不能简单地将教育等同于生活）。

"社会即学校"是生活教育的领域论。"社会即学校"实际上并不是说社会与学校的关系，而是说个体与社会的关系，因为个体生活在社会中，要使个体全面发展，就应该用整个社会的力量来教育个体，让个体在整个社会中接受教育。人类生活的地方，也就是学校所在的地方。生活教育将学校延伸到社会，整个社会就是一个学校，认定整个村庄、整个城市、整个国家、整个世界、整个宇宙为学校。社会即学校说明可以将教育的材料、方法、工具和学习环境大大扩展出去，同时教育者和受教育者并不局限于学校里的教师和学生，教师和学生可以更多。

"教学做合一"是生活教育的重要方法和原则。"教学做合一"是以生活为中心的整个教育过程，其基本含义是：事情怎样做就怎样学，怎样学就怎样教。教的方法要根据学的方法，学的方法要根据做的方法，教与学都以做为中心。教学做是一件事，不是三件事，在做上教的是教师，在做上学的是学生。这里以"做"为整体的中心，"教"与"学"要在"做"的基础上进行，三者紧密联系时教育才能达到良好的效果。陶行知的"教学做合一"强调教育与实际生活的联系，主张教和学都是生活实践的需要，要与生活实际联系起来。

陶行知的生活教育思想是针对当时我国教育的实际情况提出来的。生活教育旨在充分调动学生的主动性和积极性，理论与实践相结合，教育与生产劳动和社会生活相结合，以培养学生的生活能力和创造能力。该理论强调生活的教育意义，对我国的教育发展具有一定的指导意义。

3. 现代建构主义学习理论

建构主义学习理论在20世纪80年代开始流行于西方，其最早提出者可追溯至瑞士的心理学家皮亚杰，随后科尔伯格、斯腾伯格、卡茨、维果斯基等对建构主义都有论述。现代建构主义是在行为主义心理学理论和认知心理学理论的基础上发展起来的，其综合与发展了皮亚杰、布鲁纳、维果斯基和奥苏博尔等人教育思想的精髓。建构主义思想的核心是：知识是在主客体相互作用的活动中建构起来的。它对当前的教育教学改革产生了极其深远的影响。

建构主义学习观强调学习者利用已有的知识经验积极建构新的知识，强调学习的主动建构性、社会互动性和情境性。学习的主动建构性是说学习不是由教师向学生传递知识的过程，而是学生建构知识的过程。教师是意义建构的帮助者和促进者，学生是信息加工的主体，是意义的主动建构者。学习者综合、重组、转换、改造头脑中已有的知识经验，来解释新信息、新事物、新现象或是解决新问题。学习的社会互动性则是学生在一定情境下通过人际间的交流与协作，利用必要的学习材料，通过意义建构来获得知识。学习的情境性指知识存在于具体的、情境性的、可感知的活动中，只有通过实际应用活动才能真正被人理解。在学习的过程中，教师要把学生已有的生活经验引入要学习的内容中去，通过创设符合教学内容要求的情境和利用新旧知识之间的联系，帮助学生主动建构当前所学知识。

建构主义教学观与传统教学观有所不同，在教学目标方面强调发展学生的主体性。在教学观念上首先强调教学的理解性；其次，重视教学的情境建构；再次，重视活动与主体的交往；最后，在师生观上建构主义认为学生必须树立经验世界的丰富性和差异性，同时在教学设计上要充分考虑学生的认知主体地位，要求发挥学生的主体作用。

一方面，建构主义知识观强调知识不是对现实的准确表征，而是对客观世界的解释和假设。另一方面，知识不是以实体的形式存在于个体之外，而是由个体根据自己已有的经验建构起来的，但是意义的建构还要依赖特定的情境。

建构主义者希望把学习置于真实的、复杂的情境之中，从而使学习能适应不同的问题情境，在实际生活中能有更广泛的迁移。从建构主义学习理论可以看出，学生不是空着头脑走进教室的，教师在教学过程中理论联系实际，积极开展实践活动课，在实践活动中帮助学生合理运用和领会知识。

4. 人本主义学习理论

人本主义学习理论强调人的价值，重视人的主观能动性、选择和意愿，认为学习者是学习的主体。在教育活动中，学生是具有发展潜能和发展需要的人，会根据自己的爱好、追求等来选择教育，并将其内化为自身发展需要的内容。因此，要重视学习者在学习过程中的自我导向和自我调节，发挥学习者的特质和潜能。生活体验式教学追求学生在学习过程中利用生活资源，亲身体验、自我发展。充分尊重学生的主体地位是人本主义理论的具体落实。

以上大致概述了国内外教育学者关于教育与生活相联系的理论，对课堂教学与生活相联系是有实际指导意义的。

二、概念界定

1. 生 活

生活是一个熟悉却又复杂的概念。《现代汉语词典》中对生活的解释是：人或生物为了生存和发展而进行的各种活动，包括人的衣、食、住、行等方面的情况。本研究对"生活"概念的诠释来源于杜威和陶行知的教育理论。1916年杜威在《民主主义与教育》中指出，"生活包括习惯、制度、信仰、胜利和失败、休闲和工作。我们使用'生活'这个词来表示个体的和种族的全部经验"。杜威在1929年的《经验与自然》中还指出，"生活是一种机能，一种无所不包的活动，其中既包括机体也包括环境"。1918年陶行知在《生利主义之职业教育》中指出生活"其范围之广，实与教育等"。他所讲的"生活"不是只限于满足人的生存需要的"衣食主义"，也不是只限于谋取职业的"生利主义"，而是"生活主义"。生活主义包含万状，凡人生一切所需皆属之。他讲的生活包括四个方面：职业、消闲、社交、天然界。前两者指个人的劳动和日常生活，后两者指人与社会、自然的关系。

本课题研究所指的是真实生活，来源于日常生活、自然界、历史和社会。从广义上来讲，它是一种机能，一种无所不包的活动；从狭义上来看，它指能接触到的真实生活，来源于自然环境、日常生活；从教学实际来看，它是指能够利用的生活资源和自然资源，如生活物品、器具、人体或人体局部等。

2. 体 验

体验，也叫体会，是用自己的生命来验证事实，感悟生命，留下印象。体验到的东西使我们感到真实，并在大脑记忆中留下深刻印象，使我们可以随时回想起曾经亲身感受过的生命历程，也因此对未来有所预感。"体验"在刘惊铎著的《道德体验论》中被定义为人类的基本生存方式之一，一种图景思维活动，也是一种震撼心灵、感动生命的魅力化教育模式。这种新体验论倡导的思想理论主要有：三重生态观、体验本体观、生命样态观、生态化育观、魅力实践观、和谐价值观、生活世界观、生态智慧观等。《道德体验论》系统阐述了体验理论及其实践价值、实践方式，为体验与体验教育实践提供了理论支持，为中国和国际体验教育研究与发展提供了一种崭新的理念和模式。经过反复的实践检验，体验已经被作为当代一种有魅力的德育模式和教育新理念。

同样，体验学习的"体验"来源于杜威提出的经验。杜威认为，"不论对于学习者个人或者对于社会来说，教育为实现其目的，必须从经验即始终是个人实际的生活经验出发"。他认为，个体要获得真知，就必须对原有经验进行运用、尝试、改造，换言之，就是要学生去"做"，即"做中学"。

一个有效的学习者，必须全身心地投入具体体验中。本课题研究的"体验"是指利用生活资源，对原有经验进行运用、尝试、改造，自制一类具有独创性、趣味性、简单性、生活化的可操作的物理实验活动，让学习者全身心地投入具体体验中，从不同的角度反思和解释这些体验，运用逻辑思维整合观察到的事物，生成新的知识，并能在新的情境或体验中运用这些知识做出决策，解决问题。

三、基本结构

通过对生活体验基本内涵及其相互关系的解读，我们设计出以下的生活体验基本结构图（图1-2-1）。

基于人们对自然奥秘的探索，依托生活经验，利用身边的生活资源，开展一类具有趣味性、简单性、生活化的可操作的物理实验活动，通过构建开放发展的教学模式，引导学生合作体验、自主探究，从而发展学生的实践创新能力，使学生认识和改造大自然。

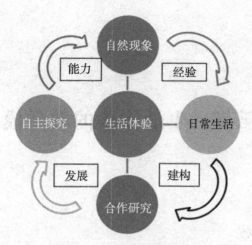

图1-2-1　生活体验基本结构图

第三节　生活体验的教学模式

一、基本流程

在生活体验基本理论的支撑下，基于生活体验的基本结构和特点，我们设计出"体验、建构、发展"的生活体验活动教学模式。其基本流程是：创设情境→探究体验→建构知识→发展能力（图1-3-1）。

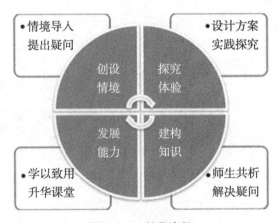

- 情境导入 提出疑问
- 设计方案 实践探究
- 学以致用 升华课堂
- 师生共析 解决疑问

创设情境　探究体验　发展能力　建构知识

图1-3-1　教学流程

基于物理与生活的密切联系，"体验、建构、发展"的教学模式的主要教学环节分为四个阶段：创设情境、探究体验、建构知识、发展能力。以上四个阶段的紧密进行体现了学习者基于原有的知识经验生成意义、建构理解的概念构建过程，同时也是引发认知冲突并加以理解消化的过程。

1.创设情境，提出问题阶段

教师根据教学目标、教学内容、学生的心理特点和认知水平通过多种途径创设开放的问题情境，如演示实验、生产生活中的现象等，然后引导学生通过观察、分析，提炼出需要学习或研究的问题（问题需具有典型性、启发性、具体性、开放性），使学生明确学习的目标，让学生在好奇、质疑中产生探索问题的欲望。

2. 探究体验，得出结论阶段

在问题提出的基础上，运用实验探究或理论探究的方法，启发和引导学生理顺解决问题的思路，提出解决问题的具体方案（如实验设计），通过分组实验展示实验成果、小组讨论等开放性方法，通过理性分析，让学生经历解决问题的过程，得出探究的结论。

3. 自主建构，获取知识阶段

对探究的结论，引导学生运用抽象与概括、归纳与总结等方法，用图表、网络等多种形式，自主建构一节课的知识体系，把探究的成果内化为自己的知识结构。

4. 巩固提升，发展能力阶段

在知识体系建构的基础上，通过例题分析、现象的解释及问题的拓展等，对一节课的知识进行巩固、升华，掌握解决实际问题的方法，培养学生解决问题的能力。

二、案例分析

粤教版选修3-3教材"液体的表面张力"一节的教学内容比较抽象，特别是液体的表面张力的方向及微观解释，学生往往难以理解。为突破这一难点，我们在教学中通过生活体验活动进行了实践与探索。

（一）教学过程

1. 创设情境，提出问题阶段

师：同学们，生活当中存在许多和液体表面张力相关的有趣现象，下面请同学们认真观察并思考。

（1）演示实验：用金属环吹成一个大的肥皂膜。思考：为什么肥皂膜能被吹得很大而不破裂？

（2）观看图1-3-2、图1-3-3，思考：为什么蜥蜴能在水上行走？蜘蛛网上的水珠为什么是球形的？

图1-3-2　蜥蜴在水上行走

图1-3-3　蜘蛛网上的水珠

（3）观看视频，往硬币上滴水，能观察到什么现象？

学生讨论回答，在教师的启发下明白是液体表面张力作用的结果。

设计意图：通过创设生活中的情境来引入新课，提出研究的问题。问题有指向性、生活性和开放性，使学生明确学习目标，让学生在好奇、质疑中产生探索问题的欲望。

2.探究体验，得出结论阶段

师：为什么液体表面会形成一张有弹性的膜？通过下面的实验和分析，你们就会明白是液体表面张力作用的结果。下面通过小组实验来探究液体表面张力的存在和方向。

实验一：缝衣针漂浮在水面上

师：每个同学桌上都有缝衣针和水杯，你们尝试一下让缝衣针漂浮在水面上。在实验过程中要互相合作。在实验中，你们能否感觉到力的存在？

生：液面对缝衣针有力的作用。

师：液面对硬币的作用就是液体的表面张力吗？如果不是，液体的表面张力在液面是怎样作用的？其方向又是怎样的？

学生只思考不要求回答。

实验二：肥皂膜与棉线实验

师：下面我们来做第二个实验，验证一下你们的想法。把系有松弛棉线的铁环放入肥皂水中，拿出时，铁环上布满一层肥皂膜。刺破一侧的肥皂膜，观察另一侧的肥皂膜和棉线的变化。

生：另一侧肥皂膜收缩，棉线向该侧弯成弧形。

教师：棉线为什么会向一侧弯成弧形呢？

学生交流、讨论、分析、回答。

设计意图： 由"缝衣针漂浮在水面上""肥皂膜与棉线实验"两个实验展开探究，学生通过亲身体验，小组讨论交流，从而感知液体表面张力的方向，初步得出结论。

3. 自主建构，获取知识阶段

师：液体的表面为什么具有收缩的趋势？请同学们认真观察教材中的液体表面的微观图（图1-3-4）。

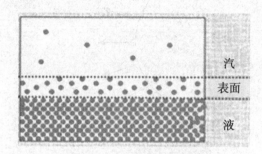

图1-3-4　液体表面的微观图

师：与在液体和气体中比较，液体分子在表面层的分布有什么特点？

生：表面层分子比较稀疏。

师：我们这里引入分子作用球，分析液体内分子A所受球内分子的斥力和引力的合力为零。在表面层内的分子B所受引力和斥力的合力又如何呢？

生：表面层内的分子B所受引力和斥力的合力不为零，合力垂直于液面指向液内。

师：我们可以再从功能原理的角度来分析。液体分子从内部移到表面层就必须克服分子力做功，使分子势能增加，故液体表面的分子势能比液体内部的分子势能大。

生（不约而同）：所以液体表面增大时，势能就要增大，而势能总是有减少倾向，故液体表面就有收缩的趋势。

师（总结）：在液体表面画这样一条线，线两侧的液体之间的作用是引力，这就是液体的表面张力。它的方向垂直于所画的直线。正是由于液面分子间的这种相互吸引，才使得液面存在这样的张力，使液面收缩。

设计意图：在教师的引导下，学生通过自我归纳与总结等方法，学习了分子作用球对表面层分子的作用力和功能原理对液体的表面张力的微观解释，掌握了表面张力产生的原因及方向，把探究成果内化为自己的知识结构，真正体现了学生是学习的主体。

4. 巩固提升，发展能力阶段

师：实验探究二中，弯成弧形的棉线所受张力的方向怎样？同学们自己动手画一下（图1-3-5）。

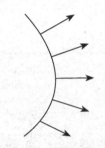

图1-3-5 棉线所受张力

学生自己动手画并讨论。

师：实验探究一中，液面对缝衣针的作用是否就是液体的表面张力？

生：表面张力的作用是使液体表面形成一层薄膜，液面对缝衣针的作用其实是这层膜对它有作用。

师：请同学们用本节所学的知识，尝试解决下面的问题。

例：有一天平，左盘下面挂一根铁丝，铁丝浸于液体中，右盘放砝码，此时天平恰好平衡，如图1-3-6所示。现将液体向下移动，让铁丝刚刚露出液面，则下面说法符合事实的是（   　）。

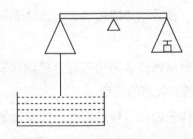

图1-3-6 天平左盘挂一根铁丝

A. 天平仍然保持平衡

B. 由于铁丝和液面间生成一层液膜,此液膜的表面张力使天平左端下降

C. 由于铁丝离开水面沾上液体,重量增加使天平左端下降

D. 无法判断

学生思考、讨论、回答。

设计意图:在知识体系自主建构的基础上,通过例题的分析、现象的解释及问题的拓展等,帮助学生理清概念,掌握解决实际问题的方法,培养学生解决问题的能力。

(二)教学反思

在本教学设计中运用了生活体验活动教学模式。在教学过程中,把学生已有的生活经验融入学习内容中,通过创设符合教学内容要求的物理情境,利用日常生活资源,引导学生合作体验、自主探究,帮助学生主动建构当前所学知识,从而发展学生的综合能力。整个教学过程贯穿了生活体验、自主建构这一主线,抓住了学习者是学习主体的本质和核心,充分调动了学生学习的积极性和主动性,让学生喜欢物理课堂。

三、应用要点

1. 教学理念要坚持开放,给学生自主发展的空间

本教学模式需要坚持开放的教学理念,给学生自主发展的空间。教学空间开放:更多在实验室进行,要用到多种多媒体设施;教学组织形式开放:学习主体是学生个体、学习小组、师生学习共同体;教学方式开放:自主、合作、探究的学习方式更加普及,既有自主探究又有合作交流;交流评价方式开放:既有学生与教师交流评价,又有学生自我交流评价和学习伙伴的交流评价。

2. 教学设计要侧重学生体验,让学生成为"发现"的主人

本教学模式重视学生在学习新知识过程中的探究,教学的重点在于培养学生的科学态度与科学精神。教师要把"发现"的任务交给学生,让学生成为"发现"的主人。教师在备课时可以将验证性实验改编成探究性实验,增加分组实验的机会,让所有的学生都能参与到实验中,参与到合作交流中,让学生体会实验的过程,体验探究的情境。

　　本教学模式更适合基础年级的新授课教学，应用本教学模式要注意处理好两个矛盾：一是探究活动的耗时性与课堂教学实效性的矛盾，二是探究活动的个性化学习与班级授课制的矛盾。

第四节　生活体验的案例开发

一、案例分类

为了使案例开发、整理和使用都更有针对性，有必要对案例进行分类。当然按照不同分类标准，有不同的分类。例如，按照参与的人数来分，可分为全体、部分、个人；按照参与者关系来分，可分为独立、合作；亦可按内容板块来分、教材的章节来分等。因为本文主要研究生活体验在物理教学中的应用，所以根据教学空间分为物理课堂体验及课外体验活动，然后再对物理课堂及课外体验活动的特点进行分类。

1. 物理课堂体验活动

在高中物理教学中，课堂教学是教学过程中重要的环节之一。课堂教学要以学生为主体，教师的教是为了学生的学，良好的课堂教学方式能激起学生学习物理的热情和激发学生学习物理的兴趣。因此，教师作为课堂的主导者，要根据学生的认知水平和已有的生活经验，在实际课堂教学中引入生活化元素，将课堂教学生活化，用形象直观的手段实施教育教学，让学生乐学、活学、会学。

我们把生活体验活动的物理课堂案例分为新课引入教学、概念教学、规律教学和习题教学四类。

（1）新课引入教学

一节课的引入是非常重要的，心理学研究表明，学习的内容与学生熟悉的生活背景越贴近，学生自觉接纳知识的程度就越高。因此，应将生活化元素融入图片、视频、小游戏、小实验等中，将我们要学习的物理知识与生活联系起来，创设一个个具体的生活情境，让学生或观察，或参与，或思考，让他们亲身体验，亲身感受，将抽象的枯燥的物理知识具象化，使学生在学习物理知识的过程中可以在日常生活中找到"生活原型"。同时这些生活化元素都是学生熟悉的，但通常他们对身边熟悉的生活现象都是见惯不怪，不会深入思考其物理原理，当教师将这些学生已有的生活经验进行组织并应用到实际课堂中时，能够很有效地激发学生的学习热情，引发其认知冲突，同样也能激发其对物理的兴趣。通过教师有意识地引导和组织现实生活中的生活化元素，可以锻炼学生的观察能力、抽象思维能力等。

（2）概念教学

物理概念能够准确地反映物理现象及物理过程的本质属性，它是在大量的观察和实验的基础上获得的，通过分析、对比、归纳和综合来区分个别与一般、现象与本质，然后再把这些物理现象的共同特征集中起来加以概括。它是物理事实本质在人脑中的反映，概念不清，就不可能真正地掌握物理基础知识。对于高中学生来讲，物理概念是抽象的，高中学生抽象思维能力不是那么强，对于一些物理概念理解起来会有些困难。因此利用生活中具体的物理现象来讲解物理概念，化抽象为具体，再用具体的生活实例概括升华得出概念，用这样一种方式让看似深奥难懂的物理概念通俗化、直白化，学生学起来会轻松很多。

（3）规律教学

物理规律反映了物理现象、物理过程的内在联系，揭示了事物的物理运动在一定条件下必然发生、发展和变化所遵循的规律。物理规律是物理理论的基础，它与相关的物理概念一起构成了逻辑上和谐的知识体系，即物理理论。物理规律的教学是开发学生智力、培养学生能力的重要途径。将生活化的元素引入规律教学中，将学生置身于具体的生活情境中，让学生转变学习方式，由被动接受转为积极参与，体验感悟，独立思考，自主探究，合作交流，在所学知识和熟悉的生活现象、经验之间建立起联系，则能使学生深化对所学知识的理解。

（4）习题教学

中学物理一个最基本的理念就是"从生活走向物理，从物理走向社会"。在学习了相应的物理知识后，还应该学以致用，能够用所学知识解决生活中相应的物理问题。在讲解完新知识后，教师可以从生活中找到一些相关事例让学生思考、讨论、实验等，经过教师有意识的引导，让学生明白物理并不是遥不可及的，而是就在我们身边，同时有利于锻炼学生分析问题、解决问题的能力。

2. 物理课外体验活动

物理课外活动是课堂教学的重要补充。参加学科讨论、制作科技模型、观看实验表演、进行现场参观、阅读课外辅导资料、参加各种竞赛，不仅能帮助学生复习、记忆、理解学过的物理知识，培养联系实际的能力，而且还能让学生开阔眼界，丰富知识，吸引他们探索新的物理现象和规律，这是课堂上得不到的，更不是做几道练习题所能代替的。所以，物理课外活动在空间上是对课堂教学范围的突破，在教学方法上是对情境教学方法的创新，在内容上是对课本教材的鲜明补充，在理念上是对传统教学思想的革新，充分体现了新课程教学的全面性、开放性、灵活性。中学物理课外的生活体验活动要源于学生日常生活并且能激发学生兴趣和参与的积极性，体现教材资源的趣味性和多样性。

开展物理课外活动的形式可以多样化，可以根据学校的具体情况，采用个人和团队两种形式（表1-4-1、表1-4-2）。

表1-4-1　物理课堂体验活动示例1

名称	被吹偏的泡沫小球	类别	规律教学
目标	通过简单操作，探究物体做直线运动与曲线运动的条件		
章、节	第一章　抛体运动　第一节　什么是抛体运动		
材料	泡沫小球、电吹风		
过程	1. 让一个泡沫小球自由下落，泡沫小球的运动轨迹是直线。 2. 当电吹风侧向吹下落的泡沫小球时，泡沫小球做曲线运动	 **学生体验现场图**	
说明	小球的合外力（重力与风作用力的合力）与速度不在同一直线时，小球做曲线运动		

表1-4-2　物理课外体验活动示例2

设计者	李建平		类别	团队项目
适用年级	高二			
目标	让学生体验到了学习物理的严谨性，既锻炼了动手能力，还启发了思维能力			
知识	地磁场的方向、电磁感应、感应电流产生的条件			
材料	长导线（10 m以上）、灵敏电流表指南针、板凳、课桌等			
制作	把长导线绕成几圈作为跳绳用的绳子，并与灵敏电流表连接形成回路	 铜芯线 r 细铜线 "摇绳发电"设计原理		
过程	1.两个学生站在凳子或者课桌上，呈东西方向。 2.以较大幅度摇动绳子（避免摇绳时绳子在地面上拖动）。 3.其他学生注意观察灵敏电流表的指针偏转情况。 4.当导线做切割磁感线的运动时，产生感应电动势，回路中存在感应电流	 "摇绳发电"活动现场		
说明	绳子越长感应电流越大，但增大摇绳速度不能使感应电流变大，反而灵敏电流计偏转不明显降低，所以我们控制摇绳速度并保持匀速，发现感应电流更大了			

二、案例开发

实践研究发现，科学、有效的"生活体验活动"案例开发方案遵循下列六个过程：

1. 前期分析

根据教学内容，从新课引入、内容展开、问题解决三个方面分析是否需要开发活动方案。教学环节见表1-4-3。

表1-4-3　教学环节

教学课题	教学环节与内容		必要性分析					是否开发（打√）
			重点	难点	抽象	不是学生实验	……	
力的分解	新课教学	力的分解	√	√	√	√		√

2. 资料查找

一个好的活动方案不是凭空产生的，往往是基于已有的活动方案，在前人的基础上进一步开发和完善而诞生的，或者受到某一资料、事例的启发，开发出全新的活动方案。因此，查找资料显得尤为必要。查找资料的途径有：教材、各类参考书、专业杂志、录像课等。

3. 方案初稿

在查找资料和尽可能考虑周全的基础上，设计出初步的活动方案。比如"力的分解"这一课堂体验活动案例设计见表1-4-4。

表1-4-4　课堂体验活动案例表

名称	拉不直的绳子	类别	规律教学
目标	通过实际体验，引发学生思考		
章、节	第三章　研究物体间的相互作用　第四节　力的分解		
材料	细线、重物		
过程	在一根长细线中间挂上两个钩码。 师：两位同学各执绳的一端，用尽全力能否将绳拉直？ 生（非常肯定）：钩码很轻，两个人当然可以将绳子拉直。	拉不直的绳子图	

名称	拉不直的绳子	类别	规律教学
过程	（学生开始体验） 学生体验结果：两位同学不管用多大力，都不能将绳子完全拉直		
说明	和学生的认识形成较大的反差，引发全体学生产生"为什么不能将绳子拉直？"的思考，从而激发学生兴趣		

4. 教学实践

设计的初步活动方案具体的效果如何，需要进行课堂（课外）教学实践。

例如，研究"力的分解"这一课堂体验活动，经过课堂的应用，发现存在如下问题：从体验结果来看，两位学生不管用多大力，都不能将绳子完全拉直，但实际上绳子与所悬挂重物的接触点处只是略微向下弯曲，教学现场可视效果并不明显，特别是座位靠后的学生看不清楚。

5. 修改完善

针对教学实践后发现的问题进行修改，力求符合设计初衷，同时尽量实现可视性及可测量性，我们做了如下改进：

将原来挂的两个钩码改为两个重锤，并改用较长的绳子。

改进后，我们在课堂活动实践中发现："两位同学不管用多大力，都不能将绳子完全拉直。"

6. 方案评价

一个方案到底合不合适，有没有应用的价值，最好能通过学生、教师两方面进行评价。表1-4-5、表1-4-6分别是生活体验活动方案学生评价表和教师评价表。

表1-4-5 生活体验活动方案学生评价表

评价项目	评价等级（1~10分）
该活动有趣吗？	
该活动的要求容易理解吗？	
该活动容易完成吗？	
该活动有助于你理解相关知识吗？	

表1-4-6 生活体验活动方案教师评价表

评价项目	评价等级（1～10分）
该活动学生有兴趣完成吗？	
该活动学生容易完成吗？	
该活动调动学生参与、增强学生体验了吗？	
该活动与相关知识有机联系了吗？	
该活动准备起来方便吗？	
该活动应用效果好吗？	

学生、教师综合平均得分超过60分的方案是有实用价值的。

三、设计原则

开展物理课堂（课外）生活体验活动成功与否的关键在于体验问题的设计是否合理、适中。一般应注意以下几个问题。

1. 目标要明确

问题设计必须以教学目标为指南，围绕教学任务展开。教师要尽量了解学生的情况和教材的内容，善于从教材挖掘问题，从学生的现实生活中挖掘问题，使体验活动的内容紧扣教材的重点、难点、关键点。

2. 难度要适中

问题的难易程度直接影响学生学习的兴趣和动机。过于简单的问题，学生在体验过程中感到索然无味。过深过难的问题，超出学生的实际水平，使学生茫然或理不出思路。学生思而不得，探而无获，这样的问题显然没有讨论价值，久而久之，学生对亲身体验就会失去动力和兴趣。因此，设计课堂（课外）生活体验案例一定要从学生的实际出发，既要考虑学生的现有知识水平，又要考虑学生的思维特点和心理状况，使学生经过一定的努力，能够享受成功的喜悦。

3. 梯度要合理

学生对问题的认识总是从已有知识和经验出发，问题的安排顺序要与思维发展的顺序相一致，涉及的知识要从学生已有的知识出发逐步接近"最近发展区"，问题的设计必须是阶梯式上升，由浅入深，从易到难，由收敛到发散，由定向到开放。要紧密结合课堂内的教学内容，问题的难度有恰当的坡度，保证学生思维的连续和畅通，使学生在探究过程中不断产生认知冲突，从解答问题中领悟到获取新知识的"顶峰体验"，从而激励学生再认知。

4. 角度要新颖

强烈的好奇心会增强人们对外界信息的敏感性。探究问题的提出要能引人入胜，引起悬念，揭露矛盾。同一内容，如果变化一下角度，使其成为富有新意、形式新颖的问题，学生应会兴趣盎然，积极回答。

第五节　生活体验的研究意义

生活体验式教学立足于中学物理教学实践，结合当代教育的基本理论，对于指导中学物理教学具有重要的理论和实践价值，在实践研究中实现了学生、教师、学校三个方面的提升。

一、学生提升方面

通过开展物理教学回归生活的活动，把学生原有的经验上升到科学的层次，促进学生个性、全面而又和谐的发展和自主学习能力以及创新能力的培养，同时也提高了学生的学习成绩。具体表现为以下几个方面。

1. 生活体验开放式课堂教学

生活体验开放式课堂教学对提高学生的学习成绩有显著的帮助。

我们以高二年级四个班学生为研究对象，采用成绩对比法和问卷调查法，进行了较为全面、细致的调查，并对调查结果进行了细致的分类和完全统计。对比图如图1-5-1、图1-5-2所示。

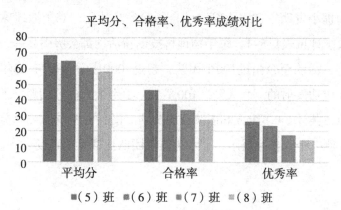

图1-5-1　2016—2017学年期末考试学生物理成绩部分指标对比图

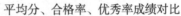

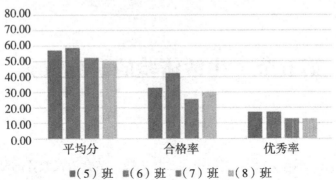

图1-5-2　2017—2018学年期末考试学生物理成绩部分指标对比图

　　调查以平均分、合格率和优秀率为基准，对比分析了以生活体验为主的物理教学法和传统课堂教学法的教学效果。（5）班、（6）班使用的是以生活体验为主的物理教学法，（7）班、（8）班使用的传统课堂教学法。

　　从图中可以看出，采用了生活体验教学的物理教学法之后，（5）班、（6）班的成绩与（7）班、（8）班的成绩有明显的差别。研究结果表明，对学生而言，生活体验教学法和传统课堂教学法相比，前者效果较好。

2. 以"科技创新"为主题的物理科技创新活动

　　以"科技创新"为主题的物理科技创新活动对培养学生的动手、探究和创新能力有显著的效果。

　　2017—2019年，我们以"科技与创新"为主题，策划了物理科技创新活动"创意物理小发明""水火箭""自制简易马达""鸡蛋撞地球"等。具体项目人数统计见表1-5-1。每年物理科技创新活动都会吸引高一、高二的学生热情参与，活动至今超过100个团队，超过1000位学生参与。3年来，学生团队设计并成功发射的"水火箭"100多个，学生个人的"创意物理小发明"作品30多项，共计300多个人和团队获得奖项。图1-5-3、图1-5-4分别为"创意物理小发明"个人作品展示、"水火箭"团队比赛发射现场。

表1-5-1　2017—2019年物理科技创新节参赛项目、人数统计

年度	项目	类别	队/人数	合计（人）
2017	水火箭	团体	28/159	246
	让鸡蛋飞	团体	10/69	
	简易马达	个人	18	
2018	水火箭	团体	38/220	235
	创意小发明	个人	15	
2019	水火箭	团体	42/240	240

图1-5-3　"创意物理小发明"个人作品展示图

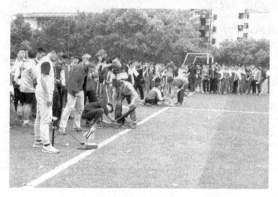

图1-5-4　"水火箭"团队比赛现场

二、成果提炼方面

如果一种教学理念与教学实践相脱离，那么它就是"无源之水""无本之木"，在物理教学中引入生活体验活动也是如此。将生活体验活动融入物理教学中，有助于激发学生学习物理的兴趣，使学生积极主动地投入物理学习，可以提高学生的学习效率，同时使学科内容在学生的经验体系中重新整合，有利于学生解决具体的生活问题，这对教学一线的教师有一定的参考价值。

基于"生活物理，体验穷理"的教学思想，我们分别在力学、电磁学、热学、光学等领域共计开发了50多个物理课堂生活体验活动教学案例，设计了10多个以"体验、建构、发展"为目标的教学设计，收集了9个物理课外活动成果（表1-5-2）。

表1-5-2　物理课堂生活体验活动教学案例分类表

案例分类	数量（个）
一、生活体验活动的课堂教学案例	52
1. 力学课堂体验活动案例	26
2. 电磁学课堂体验活动案例	16
3. 热学、光学课堂体验活动案例	10
二、生活体验活动的教学设计	14
1. 力学课堂体验活动教学设计	6
2. 电磁学课堂体验活动教学设计	4
3. 热学、光学课堂体验活动教学设计	4
三、物理课外体验活动成果	9
1. 物理课外体验活动案例	2
2. 物理课外体验活动设计示例	1
3. 物理课外体验活动学生成果	6

三、区域辐射方面

基于"生活物理，体验穷理"的教育思想，从2016年开始我们以"体验·创新"为主题，面向全市开展了"物理课堂教学现场会"及"物理课外科技创新节"等系列活动，同时还应邀到其他学校开设专题讲座，不但引发我校师生强烈的思考和共鸣，还吸引了梅州地区多所学校的强烈关注，从而解决了教科书内容的单一性与培养目标的多样性的矛盾，使学校成为梅州区域教育创新的一面旗帜。

（1）2016年12月，我校在全市范围组织了"开展课题研究，推进教师专业发展"的大型现场会，为来自全市各个学校的20多位物理教师开设了"巧用'动态圆'分析带电粒子在磁场中运动的临界问题"的专题公开课，示范效果良好（图1-5-5）。

图1-5-5 刘崎老师在上示范课

（2）我校2017年、2018年连续两年参加广东省中小学新一轮"百千万人才培养工程"培养对象走进乡村教育活动，分别在河源龙川县和汕尾海丰县的多所学校进行示范带学，开设示范课和专题讲座，效果良好（图1-5-6）。

图1-5-6 2017年到河源龙川县实验中学参加送教下乡活动

（3）2018年12月，我校在深圳光明区朱建山名师工作室研修活动中为广东省骨干学员开设讲座"生活体验活动在中学物理教学中的应用"（图1-5-7）。

**图1-5-7　2018年受邀到深圳光明区
朱建山名师工作室开设讲座**

（4）2018年11月，我校在"梅州市中小学足球排舞培训活动"中为全市100多名体育骨干教师开设讲座"在教学与科研中享受教师的幸福"。

（5）课题研究成果《生活体验活动在中学物理教学中的应用》荣获2018年度广东省中小学教育创新成果二等奖（图1-5-8）。

**图1-5-8　2018年12月参加广东省
中小学教育创新成果奖颁奖大会**

（6）2019年3月，我校为梅州市中小学骨干教师教育科研能力培训班上的100位课题主持人开设专题讲座"让教学科研成果落地生根"（图1-5-9）。

图1-5-9 为梅州市中小学骨干教师
教育科研能力培训班开设专题讲座

此外，本人将研究成果整理，形成我校物理校本教材，名为"生活物理 体验穷理——生活体验活动及其在中学物理教学中的应用"，现已在全市多所中学（丰顺中学、丰顺黄金中学、五华县安流中学、五华县高级中学、五华县田家炳中学、兴宁市田家炳中学）进行宣传和推广（图1-5-10）。

图1-5-10 将课题成果推广到其他中学

第二章

力学课堂体验活动案例及教学设计

　　本章包括25个完整的力学生活体验活动案例和5个教学设计，涉及粤教版物理新课程必修1、必修2的运动学、静力学和动力学知识，以及选修3-5的碰撞与动量守恒定律等相关的典型案例及教学设计。第一节是完整的生活体验活动案例（分新课引入教学、概念教学、规律教学和习题教学四类），结合物理新课程的教学理念，有意识地运用生活体验指导物理教与学，对于培养学生的思维能力具有重要的促进意义；第二节是典型章节的生活体验教学设计，是基于"体验、建构、发展"的开放式教学模式的要求设计的，其基本流程是创设情境→探究体验→建构知识→发展能力，主要作为教案使用。

第一节　力学课堂体验活动案例

"质点"课堂体验活动案例

表2-1-1　"质点"课堂体验活动案例

名称	通过书的运动了解质点的概念		类别	概念教学
目标	通过对书的运动研究，了解质点是对实际物体的近似，这也是物理学中常用的一种重要的研究方法			
章、节	必修1　第一章　第一节　认识运动			
材料	书			
过程	亲自做一做、试一试，书本在下列情境中能否被看成质点。 1. 沿一个方向推动桌面上的书本，测量书本移动的距离，是否可以将书本视为质点？为什么？ 2. 测定书本经过桌面上方某一定点所需要的时间，是否可以将书本视为质点，为什么？ 3. 还有什么情况下书本可以被视为质点？什么情况下书本不能被视为质点？	 通过书的运动了解质点概念		
说明	认识物体看作质点的条件：平动的物体可以看作质点，一般研究物体的转动时不能把物体看作质点			

"打点计时器"课堂体验活动案例

表2-1-2 "打点计时器"课堂体验活动案例

名称	模拟打点计时器	类别	规律教学
目标	通过体验打点活动，让学生掌握打点计时器的计时原理		
章、节	必修1 第一章 第三节 记录物体运动信息		
材料	彩笔、纸带、表		
过程	两位学生，一名手拿一支彩色画笔，另一名牵动一条宽约1 cm的长纸带，使纸带在笔下沿着直线缓慢向前移动。拿笔的学生按照一定的时间间隔点击纸带（比如每秒1次，或每秒2次）。比比看谁牵动纸带的速度变化最小。 想一想：相邻两点的距离与牵动纸带的速度有什么关系？牵动纸带的快慢不均匀，对相邻两点所表示的时间有没有影响？	 **模拟打点计时器**	
说明	打点计时器是一种记录物体运动位移和时间信息的仪器，我们可以通过测量位移和时间来计算物体运动的速度以及速度变化的快慢		

"自由落体测反应时间"课堂体验活动案例

表2-1-3　"自由落体测反应时间"课堂体验活动案例

名称	自由落体测反应时间	类别	新课引入教学
目标	通过这一体验活动产生"惊奇"效果，激发学生探究的兴趣，活跃物理课堂气氛		
章、节	必修1　第二章　第一节　探究自由落体运动		
材料	刻度尺		
过程	研究物体下落过程中位移和时间的关系从而引入研究的课题。 师：一般刻度尺是用来测量什么的？ 生：一般是用来测量长度的。 师：老师手中的这把尺很神奇，它不仅能测量长度，还能测量时间，并且能测出同学们的大脑反应时间。谁想知道自己的大脑反应时间是多少？可以用我这把尺来测量	 自由落体测反应时间	
说明	保证直尺竖直下落		

"体验伽利略佯谬"课堂体验活动案例

表2-1-4 "体验伽利略佯谬"课堂体验活动案例

名称	体验伽利略佯谬	类别	概念教学
目标	体验伽利略对亚里士多德的思想的论证		
章、节	必修1 第二章 第一节 探究自由落体运动		
材料	书、线、铅笔		
过程	根据亚里士多德的论断，一块大石头的下落速度要比一块小石头的下落速度快。假定大石头的下落速度为8，小石头的下落速度为4，当两块石头捆在一起下落时，大石头会被小石头拖着而减慢，结果整个系统的下落速度应该小于8。但两块石头捆在一起，总的质量比大石头还要大，因此，整个系统下落的速度比8还大，这样，就从"重物比轻物落得快"的前提推断出了互相矛盾的结论	 **体验伽利略佯谬**	
说明	错误认识的根源在于不注重探索事物的本质，思考不求甚解		

"研究物体的形变"课堂体验活动案例

表2-1-5 "研究物体的形变"课堂体验活动案例

名称	微观放大法看物体的形变	类别	概念教学
目标	利用实验放大微小的形变,展示力的作用,让微小的形变可视化		
章、节	必修1 第三章 第一节 探究形变与弹力的关系		
材料	玻璃瓶、橡胶塞、细管、镜子、支架、激光发射器		
过程	1. 用手压扁瓶子的不同部位,细管中的液面上升或下降,通过观察液面的升降可以判断瓶子是否发生形变。 2. 在一个大桌子上放两个平面镜,用小型激光源发射激光照射平面镜M,用力压桌面,让一束光依次被两面镜子反射,通过反光镜的放大原理可以使墙上的光点移动很大的距离	 微观放大法看物体的形变	
说明	力能使物体发生形变,利用放大法可观察物体微小的形变		

"力的等效替代"课堂体验活动案例

表2-1-6 "力的等效替代"课堂体验活动案例

名称	合力拎重物实验	类别	概念教学
目标	用生活中的实例，演示力的等效替代效果		
章、节	必修1 第三章 第三节 力的等效替代		
材料	一捆书		
过程	让学生想办法把一捆书从地面上放在桌面上。 师（对一个大个子学生提问）：这位同学你的做法是什么？请具体操作一下。 生：我一个人就可以把它提到桌面上。（同时演示） 师：你们的做法是什么？ 生：我们可以两个人把它抬上来。（同时演示） 师：在提重物这个事件上，一个力产生的作用效果和两个力产生的作用效果是相同的。生活中还有哪些例子可以说明同样的问题？	 一名学生提起一捆书 两名学生提起一捆书	
说明	一个力与几个力产生了同样的效果，可以用这一个力代替那几个力		

"研究弹力"课堂体验活动案例

表2-1-7　"研究弹力"课堂体验活动案例

名称	直尺的形变	类别	规律教学
目标	通过直尺的形变，感觉弹力的方向		
章、节	必修1　第三章　第一节　探究形变与弹力的关系		
材料	直尺、书		
过程	将一把直尺架在两本书之间，用力向下压尺子，尺子发生了弹性形变。手对尺子的压力为N，尺子对手的弹力为N'。观察尺子的形变，并分析其产生的弹力的大小和方向	 研究直尺的形变	
说明	手对尺子的压力为N，尺子对手的弹力为N'，这两个力作用在两个物体上，力的性质相同，是一对作用力与反作用力		

"研究摩擦力"课堂体验活动案例

表2-1-8 "研究摩擦力"课堂体验活动案例

名称	"感受"摩擦力		类别	规律教学
目标	学生做身边的实验,感受与滑动摩擦力有关的因素			
章、节	必修1　第三章　第二节　研究摩擦力			
材料	纸、手			
过程	在桌面上垫一张纸,把手放在纸上,然后手掌向前推,保持接触面的材料不变,在大小不同的压力下朝前推手掌,然后保持压力不变,改变接触面的材料(材料可以是纸、塑料、毛巾、木板、橡胶等)	 "感受"摩擦力		
说明	通过比较,分析滑动摩擦力的大小与哪些因素有关			

"体验超重现象"课堂体验活动案例

表2-1-9 "体验超重现象"课堂体验活动案例

名称	用纸带演示超重现象	类别	概念教学
目标	通过体验认识超重现象，理解产生超重的条件和实质		
章、节	必修1 第四章 第六节 超重和失重		
材料	纸带、砝码		
过程	师：在纸带下端剪个小孔，悬挂一重物。请一名学生按要求进行操作，其他学生注意观察： 1. 将重物用手托住，先用手拉住纸带向上匀速运动，然后向下匀速运动。 2. 将重物静止悬挂，用手拉住纸带突然向上加速运动。 问题：纸带在什么时候容易断？为什么会断？	 用纸带演示超重现象	
说明	这个实验的设计简单而巧妙，让人直接体验了超重现象		

"演示完全失重现象"课堂体验活动案例

表2-1-10 "演示完全失重现象"课堂体验活动案例

名称	流不出来的水	类别	概念教学
目标	通过研究自由下落的塑料瓶里的水，理解完全失重的条件		
章、节	必修1　第四章　第六节　超重和失重		
材料	带孔塑料瓶、水		
过程	准备一个装有水的塑料瓶，在侧面打一小孔，让水从孔中喷出。 1. 由一名学生双手握住塑料瓶，先按住小孔，不让水流出来。 2. 然后提示学生松手，让塑料瓶自由下落。 3. 提醒其他学生注意观察，并回答：水还会不会再从小孔中喷出？	 研究失重现象	
说明	在塑料瓶自由下落的时候，对准塑料瓶，用手机连拍功能拍下多张照片		

"体验超重和失重现象（1）"课堂体验活动案例

表2-1-11　"体验超重和失重现象（1）"课堂体验活动案例

名称	体验超重和失重现象	类别	规律教学
目标	通过人的下蹲和起立，认识和感受超重和失重现象，从而理解产生超重、失重现象的条件和实质		
章、节	必修1　第四章　第六节　超重和失重		
材料	体重秤、学生		
过程	一个学生站在体重秤上完成一个下蹲和起立的过程，另外一个学生观察体重秤示数的变化情况。 1. 人站在秤上静止时健康秤的示数为多少？ 2. 在下蹲的过程中健康秤的示数发生了怎样的变化？ 3.蹲下后静止时示数又为多少？ 体验超重和失重现象		
说明	为了使所有的学生都能看清实验的过程，需请一名学生当场摄像（或者课前拍摄实验过程），之后播放给学生看		

46

"体验超重和失重现象（2）"课堂体验活动案例

表2-1-12 "体验超重和失重现象（2）"课堂体验活动案例

名称	体验超重和失重的效果	类别	规律教学
目标	利用电梯的升降，体验超重、失重现象，从而深化所学知识		
章、节	必修1 第四章 第六节 超重和失重		
材料	体重秤、学生、手机		
过程	在运动的电梯内学生站在体重秤上观察秤示数的变化。先让学生猜想可能看到的现象，之后仔细观察这样几个情形下的读数： 1. 电梯刚上升时健康秤的示数为多少？ 2. 电梯快到的时候健康秤的示数为多少？ 3. 电梯刚下降时健康秤的示数又为多少？ 4. 中间匀速运动时示数又为多少？	 **用体重秤体验超重和失重的效果**	
说明	事先拍摄，增强真实感，教师引导学生观察并解释，强化学生正确的生活体验，纠正错误的体验		

"曲线运动的速度方向"课堂体验活动案例

表2-1-13 "曲线运动的速度方向"课堂体验活动案例

名称	探究曲线运动的速度方向	类别	概念教学
目标	利用简单的自制器材，直观显示曲线运动的速度方向		
章、节	必修2 第一章 第一节 什么是抛体运动		
材料	铁架台（夹子）、透明软管、小球、白纸、墨水		
过程	1. 将软管弯曲成一定形状，让带墨水的小球从弯曲软管一端进入，从另一端离开。 2. 根据小球离开弯曲软管在白纸面上的轨迹，将其反向延长，不难看出，直线与曲线相切	 **探究曲线运动的速度方向**	
说明	1. 软管可以弯曲成任意形状，从而研究不同曲线运动的速度的方向。 2. 小球最好选择生锈的小铁球，这样才能使墨水最大限度地吸附在小球表面，在白纸上较清晰地记录小球的运动轨迹		

"研究曲线运动的条件"课堂体验活动案例

表2-1-14 "研究曲线运动的条件"课堂体验活动案例

名称	被吹偏的泡沫小球	类别	规律教学
目标	通过简单操作，探究物体做直线运动与曲线运动的条件		
章、节	必修2 第一章 第一节 什么是抛体运动		
材料	泡沫小球、电吹风		
过程	请两名学生上台，一名握住插电的电吹风，另一名拿泡沫小球，在教师的指导下进行如下操作： 1. 先让泡沫小球自由下落，提醒其他学生观察泡沫小球的运动轨迹（直线）。 2. 再进行一次实验，泡沫小球自由下落时，用电吹风侧向吹泡沫小球，再观察泡沫小球的运动轨迹（曲线）	 研究曲线运动的条件	
说明	结论：小球的合外力（重力与风作用力的合力）与速度不在同一直线时，小球做曲线运动		

"合运动与分运动的关系"课堂体验活动案例

表2-1-15 "合运动与分运动的关系"课堂体验活动案例

名称	研究物体的合运动与分运动	类别	规律教学
目标	直观、形象地展示芒果的分运动与合运动，突破学生的思维障碍		
章、节	必修2　第一章　第二节　运动的合成与分解		
材料	细线、芒果		
过程	用一个手指从细线的上端开始，沿黑板从水平方向向右匀速推动细线，让学生观察思考，并提出问题。 师：这个运动是芒果的合运动吗？ 生：芒果的实际运动。 （斜向上） 师：那这两个运动是芒果的分运动吗？ 生：细线在水平和竖直方向上的运动。 最后分别将芒果的合运动和分运动在黑板上画出来	 研究芒果的合运动与分运动	
说明	以上活动除了可以研究水平和竖直方向运动的合成，还可以研究竖直方向和其他方向运动的合成		

"向心力大小的决定因素"课堂体验活动案例

表2-1-16 "向心力大小的决定因素"课堂体验活动案例

名称	体验向心力	类别	规律教学
目标	通过感受手被绳子拉的感觉，引出向心力内容的学习；通过变量控制法研究向心力大小的决定因素，化抽象为实际体会		
章、节	必修2 第二章 第二节 向心力		
材料	质量不同的小钢球两个、长短不同的细绳两条		
过程	在绳的一端系一个小球，另一端用手牵住绳头，让小球在光滑的桌面上做匀速圆周运动，学生在体验过程中教师提出几个问题。 分别让小球转动得越来越快，改变小球的质量再做一次实验，把绳子长度变长或缩短再分别做一次实验，比较手的感觉有什么不同	 **体验小球的向心力**	
说明	在研究向心力大小的决定因素时，应该用比较法，如不同质量，或不同绳长（半径），或不同转速（角速度）下手的拉力（向心力）比较，并提醒学生及时做好记录		

"向心力的应用（1）"课堂体验活动案例

表2-1-17 "向心力的应用（1）"课堂体验活动案例

名称	水流星	类别	新课引入教学
目标	通过对日常生活、生产中圆周运动现象的分析，敢于坚持真理，勇于应用科学知识探究生活中的物理学问题		
章、节	必修2 第二章 第三节 向心力		
材料	细绳、水杯、水		
过程	1.准备材料：先把少量水放在杯子里，用绳子系住杯口。 2.操作体验：指导学生用绳系着装有水的杯子在竖直平面内做圆周运动，同时要求水不能从杯子里溢出。 3.体验升级：增加水的量，重新体验一次。 4.物理原理：水在最高处，重力提供了向心力，从而水没有从杯子中溢出	 "水流星"制作和演示	
说明	在课堂演示时，可用较长的绳子以较高的转速转动；如果用很短的绳子慢慢转动，则容易失败		

"向心力的应用（2）"课堂体验活动案例

表2-1-18 "向心力的应用（2）"课堂体验活动案例

名称	火车转弯问题	类别	习题教学
题目	火车铁轨转弯处外轨略高于内轨的原因是（ ）。 A.火车转弯时外轨对于轮缘的压力提供圆周运动的向心力 B.火车转弯时的向心力由重力和铁轨对车的弹力的合力提供 C.以防列车倾倒造成翻车事故 D.减小火车轮缘与外轨的压力		
目标	通过对日常生活、生产中圆周运动现象的分析，敢于坚持真理，勇于应用科学知识探究生活中的物理学问题		
章、节	必修2 第二章 第三节 向心力		
材料	硬纸板、泡沫、胶水等		
过程	1. 课前制作一个火车车轮轨道模型。 2. 引导学生对火车车轮轨道模型进行观察与分析，使学生做出正确判断。 3. 通过展示自制火车车轮轨道模型，直观地呈现火车转弯时内、外轨与轮缘作用力问题的分析	 自制火车车轮轨道模型	
说明	可将学生分成若干小组，每个小组制作一个火车车轮轨道模型，然后在班里展示		

"机械能守恒定律"课堂体验活动案例

表2-1-19 "机械能守恒定律"课堂体验活动案例

名称	你敢挑战吗？	类别	新课引入教学
目标	通过有惊无险的挑战游戏，引起学生认知冲突，激发学生的探究欲望		
章、节	必修2　第四章　第四节　机械能守恒定律		
材料	细线、钢球、铁架台		
过程	1. 把一个钢球用细线悬挂在铁架台上。 2. 让一名学生挑战者的头靠近铁架台，把钢球拉到靠近学生鼻子的高度。 3. 提出问题：放开钢球后，钢球在摆动过程中会不会撞到挑战者的鼻子？ 4. 答案揭晓，释放钢球，钢球在摆动过程中不会撞到挑战者的鼻子	 课堂挑战游戏	
说明	应尽量使钢球在同一竖直平面内做单摆运动		

"生活中的缓冲（1）"课堂体验活动案例

表2-1-20 "生活中的缓冲（1）"课堂体验活动案例

名称	砖碎蛋全	类别	新课引入教学
目标	通过以缓冲现象为内容的生活体验活动，引起学生对科学事物的学习研究兴趣，培养学生喜欢研究事物的科学精神		
章、节	选修3-5　第一章　第二节　动量守恒定律		
材料	鸡蛋、砖头、锤子、塑料泡沫板		
过程	1. 准备16颗鸡蛋，将鸡蛋逐个放到泡沫板上固定。 2. 在鸡蛋上面放一块薄木板，在木板的一侧贴上薄泡沫，这样能够让砖头更加稳定地平放在鸡蛋上。 3. 将一块砖头轻轻放在木板上，然后用锤子砸砖头。 4. 砖头被砸成两半，下面的鸡蛋全部完好无损，连个裂纹都没有出现	 **实验准备材料** **学生现场操作**	
说明	说到缓冲作用，汽车上的安全气囊就是利用这个原理，让人在遭遇事故撞击时，缓冲强大的撞击力，避免或减轻对身体造成的伤害		

"生活中的缓冲（2）"课堂体验活动案例

表2-1-21　"生活中的缓冲（2）"课堂体验活动案例

名称	模拟"蹦极"	类别	新课引入教学
目标	让学生利用重物模拟"蹦极"，激发学生的课堂学习热情		
章、节	选修3-5　第一章　第二节　动量守恒定律		
材料	铁架台、重物、橡皮筋、纱线		
过程	1. 请一名学生上台，将铁架台平稳置于讲台上，用纱线绑定铁架台横梁与重物，提至一定高度，自然释放。学生观察到"线绷断"。 2. 将纱线一端系上橡皮筋，重复实验。学生观察到"线不断"。 3. 思考：刚才的实验和我们平常看到的"蹦极"有没有相似之处？"线断"与"线不断"背后藏了什么秘密？	 课堂模拟"蹦极"	
说明	第二次实验时，系橡皮筋的时候提醒学生注意前后两次的差别		

"研究影响动量变化的因素"课堂体验活动案例

表2-1-22 "研究影响动量变化的因素"课堂体验活动案例

名称	拉不动的重锤	类别	规律教学
目标	通过研究纸带从重锤抽出实验，让学生得出"相同合外力时，物体动量的变化和作用时间有关"的结论		
章、节	选修3-5　第一章　第二节　动量守恒定律		
材料	重锤、纸带、长尺、图钉		
过程	1. 将纸带压在重锤下，用手缓慢拉纸带，可看到重锤随纸带一起运动。 2. 让重锤和纸带恢复原状，将纸带的另一端用图钉钉在另一张桌子上，用长尺快速从纸带中间往下打，可看到纸带抽出，而重物仍留在原处。 结论：相同合外力时，作用时间越短，物体动量的变化越小	 **研究动量变化的决定因素**	
说明	纸带尽量厚一些		

"碰撞中的动量守恒"课堂体验活动案例

表2-1-23 "碰撞中的动量守恒"课堂体验活动案例

名称	牛顿摆	类别	规律教学
目标	明确相互作用的物体在相互作用过程中,动量是怎样变化的以及所遵循的规律		
章、节	选修3-5 第一章 第三节 动量守恒定律在碰撞中的应用		
材料	牛顿摆		
过程	1. 拉开左边第一个球至一定高度后释放,观察现象。 2. 同时拉开左边两个小球至一定高度后释放,观察现象。 3. 当摆动最左侧的球撞击其他球时,最右侧的球会被弹出。当最右侧的两个球同时摆动并撞击其他球时,最左侧的两个球会被弹出	 牛顿摆	
说明	开始操作实验前要让5个小球保持静止状态,还可以同时拉开左边3个小球来进行碰撞		

"反冲运动"课堂体验活动案例

表2-1-24 "反冲运动"课堂体验活动案例

名称	放飞气球	类别	概念教学
目标	培养学生善于观察的习惯,说明物理现象就在身边,物理离不开生活		
章、节	选修3-5 第一章 第四节 反冲运动		
材料	气球、面粉		
过程	1. 找一个学生当众吹一个内部加入少量面粉的气球。 2. 然后放手,让气球开口飞出去,观察现象。 3. 释放气球后,气球内的气体(带面粉)向后喷出,气球向相反的方向飞出	研究气球的反冲现象	
说明	加面粉是为了看到气球放出的气体的运动		

"反冲运动的应用"课堂体验活动案例

表2-1-25 "反冲运动的应用"课堂体验活动案例

名称	自制反冲小车	类别	新课引入教学
目标	通过体验反冲运动的存在，加深对反冲运动的理解		
章节	选修3-5 第一章 第四节 反冲运动		
材料	吸管1根、气球1个、泡沫板（蓝色）、双面胶、剪刀等		
过程	1. 将提前制作好的泡沫小圆环套在吸管的一侧，再套上气球。 2. 将两个泡沫板黏在小车前方，相距1 cm左右（刚好能使吸管在中间穿过，这样可以固定吸管），在小车后方中部贴上一条双面胶。 3. 将吸管和气球黏在双面胶上，并穿过两个泡沫板。 4. 通过吸管将气球吹满气，然后松手，小车就跑出去了	 自制反冲小车	
说明	1. 因为气球的口比吸管要大，直接套上难以密封，因此需要先套上小圆环才能达到密封的效果。 2. 小车尽量选取轻便快捷的		

第二节　力学课堂体验活动教学设计

"自由落体运动"教学设计

【设计思想】

自由落体运动是一种理想化模型，在高中物理教学中具有特殊的地位：在知识上它是匀变速直线运动的一个特例；在方法上渗透着理想化模型的重要研究方法；在整个必修一的安排上，匀变速运动的教学重点在于规律的应用。自由落体运动的新课教学向学生介绍了用现代先进教学仪器研究自由落体运动的规律特征，有利于学生站在现代新科技的角度观望历史人物对自由落体的研究，体会近代物理的先驱伽利略是如何进行研究的——这是向高中学生首次介绍伽利略的物理学研究方法的教育，它在整个高中物理教学中具有特殊的重要的意义。

【教学目标】

根据教学大纲对本节的具体要求，针对所教学生的心理特点和认识水平，结合教材，本着使学生全面发展的原则，本课的教学目标定位如下。

1. 知识与技能

（1）知道物体做自由落体运动的条件。

（2）掌握自由落体运动的特点和规律。

2. 过程与方法

（1）培养学生的观察能力和分析、处理实验数据的能力，使其会验证匀変速直线运动。

（2）让学生通过分析，归纳出自由落体运动的速度、位移公式，培养学生分析、推理、综合的能力。

（3）通过实验探究自由落体运动加速度的大小，体会实验在发现自然规律中的作用。

3. 情感、态度与价值观

（1）使学生领悟突出主要因素，忽略次要因素的哲学思想。

（2）通过实验探究，使学生形成实事求是的科学态度。

【教学重点】

物体自由下落得快慢和所受重力无关及自由落体运动的特点和规律。

【教学难点】

自由落体运动的加速度。

【教学手段】

本节课在教学的指导思想上，始终坚持"教师为主导，学生为主体"的原则，通过教师创设问题情境和有效的设问引导，让学生亲历物理知识的构建过程，采用"情境—问题—探究—结论"的学生自主探究教学模式。

【教学用具】

1. 实验演示
糖果、纸片。

2. 媒体资源
多媒体网络教室、自制PowerPoint课件。

3. 录像片段
真空室内下落的羽毛和保龄球。

【教学流程图】

```
提出问题,        →  展示实验  →  提出概念  →  分析实验
引起学生兴趣

课外延伸  ←  知识应用  ←  得出结论  ←
```

【教学过程】

表2-2-1 "自由落体运动"教学过程

教学环节	师生活动	设计意图
(一) 情境 导入	师：人从发现问题到采取相应行动所用的时间称为反应时间。反应时间越短说明人的反应越灵敏，反应时间可用自由落体运动来测试。 演示1：测量反应时间 甲学生捏住直尺上端，使直尺保持竖直状态。直尺零刻度线位于乙学生的两指之间。当乙看见甲放开直尺时，立即用手指捏直尺。 选几个学生测反应时间，比谁的反应快，这样可以调动学生参与的积极性 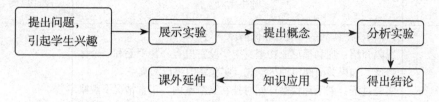 测量反应时间	通过这一活动产生"惊奇"效果，激发学生探究的兴趣，活跃课堂气氛
(二) 体验 探究	演示2：落体运动得快慢与什么因素有关？ 提问：以经验来看是否重的物体一定下落快？ 四个小实验： 小实验一：两枚相同的糖果 现象：两枚糖果下落一样快。 小实验二：一枚糖果，一张纸片 现象：糖果下落得快。 小实验三：两张相同的纸片 现象：两张纸片下落一样快。 小实验四：一张纸上黏着糖果，一枚糖果 通过实验发现，轻重不同的物体有时同时落地，有时又不同时落地，产生这种现象的原因是什么呢？ 师：生活中有许多司空见惯的事，可是只要我们仔细观察，就会发现许多意想不到的、有趣的秘密。这节课我们来揭示此现象的秘密——引出主题：自由落体运动	培养学生思考问题、分析问题的能力。 通过上述几个小实验，让学生充分体验学习的快乐，体验实验探究在物理规律研究中的重要作用；同时也活跃课堂气氛，增强学生的学习兴趣

教学环节	师生活动	设计意图
	1. 演示3：真空室内羽毛和保龄球下落 视频介绍：加利福尼亚物理真空实验室里有一片羽毛和一个保龄球。如果关闭阀门抽尽空气，实验室内将成为真空。 实验过程：羽毛和保龄球同时挂在真空室内，正常情况下观察羽毛和保龄球的下落。然后抽尽空气，观察羽毛和保龄球的下落，与前面的实验结果做对比。 现象：羽毛和保龄球在抽尽空气的真空室内同时落地。 学生通过对比观察证实猜想：真空时不同物体下落快慢相同，下落快慢不同是由于空气阻力的影响。 **真空实验室　　羽毛和保龄球同时落地**	使学生了解突出主要因素，忽略次要因素的哲学思想。
（三） 自主 建构 合作 讨论	引入自由落体运动的概念： ① 物体只在重力作用下才从静止开始下落运动，叫自由落体运动。 ② 特点：初速度为零、只受重力。 （说明自由落体运动是理想化模型，实际生活中在重力比阻力大得多的情况下，可以忽略阻力的影响。） 2. 自由落体运动的性质 师：自由落体运动是一种什么样的运动？ 学生猜想：自由落体运动可能是匀加速直线运动。 问题导学：怎么证明你的猜想？ 生：根据实验。 问题导学：自由落体运动下落速度很快，怎样抓住它运动的轨迹？ 验证：自由落体运动的频闪相片、重物自由下落时用打点计时器打出的纸带。 学生进行分组实验，测量数据。学生对数据进行处理和分析。 教师引导：假设自由落体运动是初速度为零的匀加速直线运动，则可以用哪些方法证明呢？ 学生回答： （1）连续相等时间的位移差 $\Delta X = aT^2$。	发挥学生学习的自主性、积极性；让学生自己讨论、分析得出结论，使学生真正成为课堂的主体；掀起课堂气氛的第二个高潮

教学环节	师生活动	设计意图
	（2）初速度为零的匀加速直线运动从零时刻起，在连续相等时间内的位移之比等于$X_I : X_{II} : X_{III} : \cdots = 1 : 3 : 5 : \cdots$。 （3）初速度为零的匀加速直线运动从零时刻起，在ts内、$2ts$内、$3ts$内……的位移之比等于$X_I : X_{II} : X_{III} : \cdots = 1 : 2^2 : 3^2 : \cdots$。 （4）根据位移与时间关系$X = at^2/2$，建立$X$–$t^2$图像，看位移与时间是否成正比关系。 （5）根据一段时间的平均速度等于这段时间中点的瞬时速度，计算各点速度大小，再由$V = at$，看速度与时间是否是正比的关系…… 学生根据刚才提出的方案，判断自由落体运动是否是初速度为零的匀加速直线运动。经数据验证，假设成立。 3. 自由落体加速度 问题导学：重锤和木块自由下落时的加速度是否相同？ 教师引导学生：由真空室实验可知，不同物体在仅受重力作用时下落快慢相同，既而得出不同物体下落时具有相同的重力加速度g。 （1）在同一地点，一切物体自由下落的加速度都相同，方向竖直向下。 让学生阅读书中"自由落体加速度"部分，得出： （2）地球上不同地方，重力加速度不同，从赤道到两极，重力加速度逐渐增大。 （3）一般g取9.8 m/s^2或10 m/s^2。 （教师引导学生：由牛顿管实验可知，不同物体在仅受重力作用时下落快慢相同，既而得出不同物体下落时具有相同的重力加速度g。）	
（四）拓展延伸自我发展	通过这节课的学习，大家在思想上有什么收获？假如你是17世纪的伽利略，你敢于挑战亚里士多德吗？如果你当时对亚里士多德的结论有疑问，你又该如何研究自由落体运动？（注意当时是没有先进的计时工具和频闪相机的）	培养学生的批判性思维
（五）课堂小结巩固提升	主要内容： 自由落体运动 ↓ 自由落体运动的性质 ↓ 自由落体运动的规律	

板书设计：

第三节　自由落体运动

1. 自由落体运动

物体不受其他因素影响，只在重力作用下从静止开始下落的运动称为自由落体运动。

2. 自由落体运动的特点

初速度为零的匀加速直线运动。

3. 自由落体运动的规律

4. 自由落体加速度

【教学反思】

学生在刚学完匀变速直线运动的规律后，急需一次真正的实践去更深刻地理解匀变速直线运动的规律，而对自由落体运动的研究，恰恰满足了学生的这一要求。本节课的学习要让学生的认识有进一步的提高。本节课从人类对自由落体运动的认识历史引入，重点介绍亚里士多德、伽利略的研究方法，强调对自由落体运动的理解，以期学生对自由落体运动有全面、清楚的认识。

（1）本节课采用"情境—问题—探究—结论"的教学方法，在趣味实验的激发中，在问题的引领下，学生"我要学、我想学"的情绪洋溢在整个课堂中。通过自主体验、小组互动、组间互评、自我评价改变学生以往的学习方式，体现新课程提倡的自主学习的新理念。

（2）趣味实验虽简单，但学生对其的热情出乎教学前的预料；视频演示实验的效果非常好，让学生足不出户也可以了解到科技的力量。

（3）在自主学习超重与失重时物体的运动方向、加速度方向关系的难点时，采用"图式配文字"的形式。实践表明，这种方式符合学生的认知习惯，避免给定"表格"而限制学生的思维和由此带来的烦琐感。

（4）自主探究时，有的学生不知道从哪里下手，要求教师给予必要的指导，应该提示学生自主探究的三个环节，分别按"观察压力大小变化—分析运动情况—分析受力情况"的步骤去探究。如果疏于引导，将会拖延时间，导致教学被动。

（5）教师引导下的学生自主探究的教学模式，对教师的要求更高，需要教师有更强的课堂驾驭能力。例如，教师要调动现场的教学资源。学生在实验、小组学习和组间互评中，发现与交流的问题是各种各样的，教师要做适当的评价与激励，捕捉学生的瞬间思维，并且不留痕迹地将有效的教学资源加以利用，完成引导学生对超重与失重的"感受—感知—感悟"的过程。

"力的合成"教学设计

【教材分析】

本节是高中物理必修课的第三章第四节，高一年级需用两个课时来完成，是学生初中时从未接触过的全新内容。等效观点、力的合成等内容，学生都感到很陌生。力的合成是解决力学的基础和工具，力的合成和力合成的平行四边形法则掌握不好，对后续课程的学习有很大的影响。这节课前接三种常见的力，后接力的分解和力学的一些重要定律的应用，因此这节课在物理学中的地位和作用至关重要。

【学情分析】

学习本节内容需要有力的矢量性、力的三要素、力的图示等物理知识和有关平行四边形和三角形的几何知识，高一学生刚接触矢量，对矢量的运算没有任何感性认识，没有任何生活经验可借鉴，他们习惯标量的代数运算，对于位移、加速度等矢量的值，也是直接算出来的，没有触及矢量运算，同时因为有些学生几何知识迁移能力较差，对力的平行四边形定则这一图形计算往往不习惯。意识到学生在这个问题上的巨大困难，我通过多种教学方式，让学生在探究活动的过程中获得切身体验，加深学生对平行四边形定则的理解。

【教学目标】

1. 知识与技能

知道合力、分力的概念，理解合力和分力的等效性，知道力的平行四边形定则。

2. 过程与方法

经历实验探究求合力的过程，初步学会"科学猜想、设计实验、分析验证、归纳总结"的科学探究方法，提高动手操作能力和观察分析能力。在应用力的合成的知识解释生活中实例的过程中，体会物理与生活的密切关系。

3. 情感、态度与价值观

在实验操作过程中，体会团结合作、交流互助，培养实事求是、尊重自然规律的科学态度。

【教学重点】

（1）力的等效与替代关系。
（2）探究力的合成的平行四边形定则。

【教学难点】

实验方案的设计与实施。

【教学方法】

基于"5E"建构主义教学模式，以学生为中心，让学生通过探究，并以小组合作形式对科学知识进行理解和建构。

【教学用具】

多媒体设备、弹簧、橡皮筋、绳套、白纸、三角板、量角器。

【教学过程】

表2-2-2 "力的合成"教学过程

教学环节	师生活动	活动意图
（一）情境导入提出疑问	分力、合力、力的合成 （两个视频：两个学生拉拉力器。） 师：老师这儿有一段两个同学拉拉力器的视频，是左边的同学力量大还是右边的同学力量大？ 生：左边的。	力的作用效果等效 分力、合力

教学环节	师生活动	活动意图
（一）情境导入提出疑问	师：你的根据是什么？ 生：形变量大。 师：对，左边的同学使拉力器的形变量大，这是力表现出来的作用效果不同，我们正是通过力的作用效果来认知力的。其实仔细想想，研究力的作用效果我们可以间接地推测力的大小、方向和作用点。 （两位女学生拉拉力器到同一位置。） 师：这两位女同学对拉力器的作用效果与左边那位男同学对拉力器的作用效果是否相同？ 生：相同。 既然这两组力的作用效果相同，为了研究方便，我们分别给这两组力一个名称，一边是两位女同学的力，一边是一名男同学的力，效果完全相同。这两组完全等效的力你认为叫什么好？ 生活中这种等效的合力和分力的例子还有很多。 （图片展示：用两根绳悬挂某重物和用一根绳悬挂某重物） 判断合力与分力。 （视频：学生推车。） 这两组力等效吗？你是怎么知道的？ 只有完全等效的两组力才能称为合力与分力，既然完全等效，所以可以互相替换。 如果一个物体受到几个力的作用，我们总能找到一个合力来等效替代它的作用，那么寻找这个合力的过程就叫力的合成	判断等效与替换力的合成 （8分钟）
（二）猜想思考设计方案	引入课题： 师：力是怎么合成的，怎么样找几个分力的合力，力在合成时遵循什么法则？ （力的合成遵循的法则。） 师：怎么找到这个法则？ 生：实验。 师：对，非常好，非常有物理素养。我们实验前先猜想一下，因为我们知道伽利略研究自由落体运动时就进行过猜想，我们猜想一下，让我们的实验更有方向性。 你认为力的合成遵循什么法则？合力与分力有什么关系？合力是分力的大小相加相减吗？合力一定比分力大吗？ 生：…… （用一个弹簧和两个弹簧分别悬挂一个质量为200g的物体。）	猜想的必要性 可能的结论 实验否定原因：方向套上细线确定方向 （5分钟） 画分力的图示

教学环节	师生活动	活动意图
（二） 猜想 思考 设计 方案	实验：用一个弹簧悬挂一个质量为200g的物体，然后再用两个弹簧悬挂，增大两弹簧之间的夹角，你看到了什么现象？你认为合力是分力的大小加减吗？ 生：不是。 一个弹簧秤拉重物的力为合力，当合力没变时，两个弹簧秤的示数——分力大小却在改变，那你们觉得是什么因素引起的？ 生：方向、角度。 师：对，是拉力的方向。你准备如何确定拉力的方向？怎样把这个方向描述出来？ 有办法，套上细线，这样挂起来，方向就确定了。绳子的方向画在哪里可以记下来？ 既然分力的方向变化引起了大小的变化，那么我们在画出方向的同时还要记录拉力的大小。大小、方向，还有什么需要记录呢？ 用什么可以表示力的三要素呢？ 画力的图示	
（三） 小组 合作 实验 探究	师：现在，我们就用力的图示的方法来找出合力与两个分力的关系。 首先用两个分力F_1、F_2把橡皮筋拉到某一位置，然后用一个力F把橡皮筋拉到同一位置，画出力的图示。 大家先观察装置，思考并讨论一下如何画出合力F与分力F_1、F_2的图示，先拿出一个实验方案来。各小组、小组间都可以讨论。 思考：要做什么？4人如何分工？先讨论方案。 哪一个小组能够勇敢地展示一下你们的方案？ 学生动手展示。 师：观察你们从实验中得到的图形，合力在什么位置？靠近哪一边？有没有更加定量的关系？ 既然你已经画出了三个力的图示，合力与分力的关系就转化成研究三个线段的大小和方向的问题了。这实际上是一个几何问题。回忆一下，几何上研究线段间的关系时，我们一般有些什么方法？ 对，作辅助线，比如作垂线，连端点，大家试一试。 我看大家都连了端点，看起来像什么？ 生：平行四边形。	画合力的图示 实验原理介绍 （4分钟） 讨论说明方案 （2分钟） 动手（6分钟） 引导得出规律 （5分钟）

教学环节	师生活动	活动意图
（三）小组合作实验探究	师：每一组都像吗？ 如果说只有一组画出的图形像平行四边形，我觉得是一种偶然，如果说大家画出的图形都像平行四边形，我觉得就不是一种偶然，也许力的合成真的和平行四边形有某种深刻的联系。 真的就是平行四边形吗？我们现在只能说它看起来像，怎么来验证？ 生：做一个平行四边形来比较。 （动态PPT） 如果有两个力 F_1、F_2 作用在物体上，怎么样去找这两个力的合力呢？我们可以以这两个力的线段为邻边作平行四边形，那么合力 F 的大小和方向就可以用这两个邻边的对角线表示出来	
（四）学以致用知识拓展	（1）动手制作：两人一组，用所给的有机玻璃尺、小螺丝和螺母组装一个平行四边形模型，并利用该模型感悟：当两个分力之间的夹角从0°到180°变化时，合力如何变化？并思考合力的范围。 （2）回到生活：分析解释体育课引体向上时，双手如何抓单杠比较省力	（5分钟）
（五）臻于完善升华课堂	两人用绳子拉一个重物，由近到远，体验拉力的变化。 思考：一根细线悬挂一质量为 $m=5$ kg的物体，逐渐增大细线的夹角 θ，可以使细线恰好拉断。若 $\theta=60°$ 时细线恰好被拉断，你能测出细线所能承受的最大拉力吗？	（5分钟）

【思维导图】

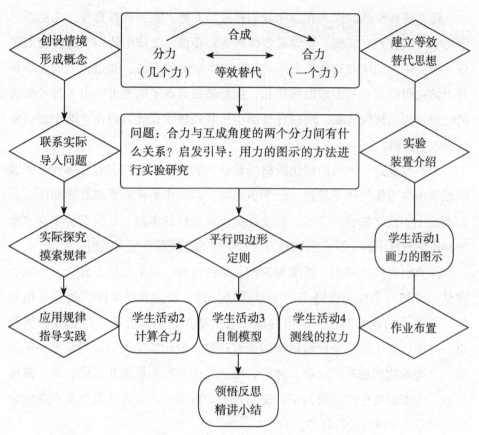

板书设计:

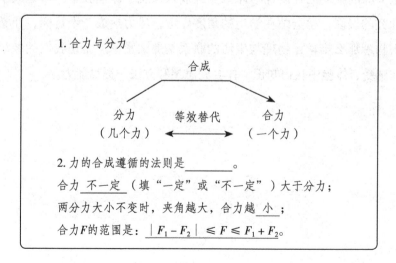

1. 合力与分力

合成

分力　　　　等效替代　　　　合力
（几个力）　　　　　　　　（一个力）

2. 力的合成遵循的法则是_____。

合力 不一定 （填"一定"或"不一定"）大于分力；

两分力大小不变时，夹角越大，合力越 小 ；

合力 F 的范围是：$|F_1 - F_2| \leqslant F \leqslant F_1 + F_2$。

【教学反思】

随着课程改革的深入和新课程的推进与实施，教师的教育观念在更新，学生学习的方式在转变。新课标要作为我们备课、上课的依据。比较新旧课标，要会用作图法和直角三角形的知识求共点力的合力，知道合力的大小和分力的夹角的关系的要求没有变化，但新教材对本节的要求突出了等效替代的物理思想和探究实验。所以在备课中，我的教学设计力图在这两个方面做到有效的突破。

力的合成这一实验由传统教材的验证实验改成了探究实验，体现了新课程以学生为主体的教学思想，让学生在探究活动中的体验更加真实而深刻。以前是把实验结果告诉学生，而现在是做探究性的实验。虽然实验本身看起来与传统教材中的一样，但编写方法和学生的做法都有很大差别。

探究包含提出问题、猜想与假设、制订计划、收集证据、分析与论证、评估、交流与合作七个环节。一堂课40分钟，要完成整个探究过程是很难的。本节课的教学对探究的内容应当有所选择，对探究能力目标要有所侧重，才能让学生经历全面而科学的探究过程，即让学生经历物理学家一样的研究，探索物理规律的过程，体验、感受其中的物理思想和方法，从中获得经验，并能够更好地理解知识和提高能力。所以，本节课的教学重点突出分析与论证、交流与合作环节。

这节课的整体流程设计与课堂实施效果摆脱了课堂教学一味地放手让学生去探究的误区，学会站在学生的角度思考，尽力达成三维目标，让学生不会觉得物理那么难学，物理与生活的联系是那么紧密。希望我们的教学能使学生在感受、体验中获得知识，体会到思想和方法，提高能力。

"牛顿第一定律"教学设计

【设计思想】

本课的重点是给学生提供大量、丰富的感性认识，为下节课做好知识、技能和情感心理等方面的准备，同时让学生从日常生活中发现物理问题，很好地渗透"从生活走向物理，从物理走向生活"的理念。

【教学目标】

1. 知识与技能

（1）知道伽利略的理想实验及其主要推理过程和推论，知道理想实验是科学研究的重要方法。

（2）理解牛顿第一定律的内容及意义；理解力和运动的关系，知道物体的运动不需要力来维持。

（3）理解惯性的概念，知道质量是惯性大小的量度；会用惯性解释一些现象。

2. 过程与方法

（1）观察生活中的惯性现象，了解力和运动的关系。

（2）通过实验加深对牛顿第一定律的理解。

（3）理解理想实验是科学研究的重要方法。

3. 情感、态度与价值观

（1）通过伽利略和亚里士多德对力和运动关系的不同认识，了解人类认识事物本质的曲折性。

（2）感悟科学是人类进步的不竭动力。

【教学重点】

（1）理解力和运动的关系。

（2）对牛顿第一定律和惯性的正确理解。

（3）理想实验。

【教学难点】

（1）力和运动的关系。

（2）惯性和质量的关系。

【教学用具】

多媒体课件、演示实验相关器材。

【教学过程】

表2-2-3　"牛顿第一定律"教学过程

教学环节	师生活动	设计意图
（一）情境导入	1.据生活现象思考探究 师：现在请同学们结合日常生活经验，分组探讨一下运动和力是怎样的一种关系，并试着回答以下一些问题： （1）物体的运动需要力来维持吗？是不是有力物体就能运动，没力物体就静止。给物体一个初速度，物体能在不同平面上滑动，体会物体运动不需要力来维持。 （2）物体的运动方向和力的方向一样吗？ （以抛粉笔为例） （3）物体的运动仅由力决定吗？ （以抛粉笔为例） （4）物体在什么情况下做直线运动，在什么情况下做曲线运动？ （以抛粉笔为例） （5）物体做直线运动时，在什么情况下加速，在什么情况下减速？ （以抛粉笔为例）	让学生从身边事物中发现物理问题
（二）问题探究	2.历史上人类对运动与力的关系的认识 下面利用前面学过的力学知识来分析下列现象，讨论力与运动的关系。	

教学环节	师生活动	设计意图
	演示以下两种情况小车的运动（速度较快）： ①小车面与桌面接触，撤去拉力后小车停下来。 ②小车轮子与桌面接触，撤去拉力后小车停下来。 请学生认真观察，然后思考以下问题： （1）小车是否马上停下？ （2）使小车停下来的原因是什么？ （3）小车滑行位移的大小有何不同？ （4）为什么滑行的距离不一样？ 说明：问题的提出可以是递进式的，也可以一次性地投影出来（若学生已训练有素，最好采用后一种方式），通过观察演示并根据生活经验，以上几个问题并不难回答。 师（总结大家的想法）：你们认为影响小车滑行距离的因素至少有两个，因此，要分别考虑是哪个因素对小车滑行距离产生了影响，可以用控制变量的方法来研究，如控制速度大小相同，减小摩擦力，让摩擦力足够小，观察小车滑行的距离会怎样。 教师演示滑块在气垫导轨上的"匀速直线运动"（要介绍该装置是如何减少摩擦力的）。	侧重学生对控制变量法、理论推理法等科学方法的掌握。
（二）问题探究	师：滑块在气垫上滑行，故摩擦力很小，物体的速度几乎看不出有变化。我们可以预测一下，如果摩擦力为零，物体在运动方向上不受力的作用，物体将会怎样运动。你们认为运动与力是怎样的关系？该如何来评价亚里士多德的观点？ 师：17世纪，意大利物理学家伽利略为了研究力与运动的关系设计了著名的斜面实验。（伽利略的理想实验如下图所示，教师介绍斜面实验） **伽利略的理想实验** 倾角为零时，小球再也达不到原来的高度，而沿水平导轨持续运动下去。 师：把两个斜面对接起来，让小球沿一个斜面由静止滚下，小球在斜面间来回滚动，最后停下来，停下来的原因是什么？ 生：摩擦力。 师：让小球沿一个斜面由静止滚下，小球将会滚上另一个斜面。	理解理想实验是科学研究的重要方法。

生活物理 体验穷理 ——生活体验活动及其在中学物理教学中的应用

教学环节	师生活动	设计意图
（二）问题探究	如果没有摩擦，小球将上升到怎样的高度？ 生：原来的高度。 师：为什么？大家可以发表自己的见解。由于没有绝对不受力的物体，如果物体在运动方向上不受力，那物体将做匀速直线运动这个结论将无法直接用实验验证。 生1：小球原来在高处，滚到斜面底部即势能变成动能，再滚上另一斜面时，因为没有摩擦，动能又变成原来的势能，所以高度相同。 生2：我赞成，这就是我们初中学过的动能与势能的相互转化与守恒知识。 生3：我觉得这个解释是后人做的，伽利略当时知道动能和势能的概念吗？ 师：是啊，关于能的概念是伽利略以后一个半世纪才由英国物理学家托马斯·杨确立的。大家有没有听说过伽利略发明计时装置——摆钟的故事？	通过伽利略和亚里士多德对力和运动关系的不同认识，了解人类认识事物本质的曲折性
（三）自主建构	3.牛顿第一定律 牛顿物理学的基石——惯性定律 伽利略和笛卡儿的正确结论在隔了一代人以后，由牛顿总结成动力学的一条基本定律。 牛顿第一定律：一切物体总保持匀速直线运动状态或静止状态，除非作用在它上面的力迫使它改变这种状态。 牛顿所做的工作不仅是总结，而且从物理上赋予了明确的内涵，这其中包括惯性和力作为科学概念的提出，以及惯性参考系等，同时明确了力和物体运动及其变化之间的直接因果关系。 牢记： （1）运动并不需要力来维持，因而力并不是使物体运动的原因；只有当物体的运动状态发生改变的时候，才需要力，所以力是改变物体运动状态的原因。 （2）不受力的物体是不存在的，所以牛顿第一定律是理想定律，不能用实验来验证。 （3）物体具有保持匀速直线运动状态或静止状态的性质，这种性质称为惯性。所以牛顿第一定律又称惯性定律。 师：生活中许许多多的现象可以帮助我们理解牛顿第一定律。例如冰壶，冰壶在冰面上运动时受到的阻力较小，可以在较长时间内保持运动速度的大小和方向不变直到它再一次受到杆的打击或碰到障碍物，才改变这种状态。 观看牛顿第一定律的演示实验。	理解牛顿第一定律的内容及意义。

教学环节	师生活动	设计意图
（三）自主建构	4.惯性 带领学生观看多媒体文件。 生活中的例子：将斧头和木把往下敲，木把受到敲击突然停止了。斧头由于惯性要保持原来的运动状态，继续向下运动，使斧头和木把套紧。 学生体验： 将一张硬纸片放在装有半杯水的玻璃杯上，再将鸡蛋放在硬纸片上，快速弹飞硬纸片，观察现象。 生活实例： 汽车启动或刹车时人会向后倒或向前倾。 突然拉动小车时，木块由于惯性向后倒。　小车突然停下时，木块由于惯性向前倒。 **研究鸡蛋的惯性**　　**模拟汽车启动或刹车**	体现教学与实际相结合，体现所学知识在生活中的实际应用
（四）自我发展	问题：将两个相同的铁桶用轻绳吊起来，一个装满沙子，另一个空着，用手去推，使它们小角度摆动起来，那个更费劲？	

【教学反思】

反思本节课的教学，主要存在以下优点：

（1）环节的设置符合学生的思维方式和步骤，能够很好地抓住学生的心，激发学生自主学习。在对"阻力对物体运动的影响"进行探究时，通过一段物体从斜面滑下的影像，引导学生思考小车在水平木板上前进的距离与哪些因素有关，并提供实验器材，让学生能够在实际操作中先归纳，在已有的知识水平的基础上总结，激发学生的学习兴趣，让学生在学习的过程中体验成功的喜悦。

（2）注重了学生对控制变量法、理论推理法等科学方法的掌握。从最先影响小车前进距离的多个因素的探究，让学生知道，摩擦力越小，小车运动得越远；然后从毛巾到棉布、木板、玻璃再到没有摩擦的光滑平面，从现实存在到空间想象，从有到无，不断地改变实验条件，利用理论推理法，逐步引导学生建立起形象的空间模型，水到渠成地得出牛顿第一定律。学生在学习的过程中，能够慢慢地领会科学方法对物理学习乃至科学进步的重要性。

（3）注重学生对知识的理解和掌握。因为在实际生活中，符合牛顿第一定律成立的条件的物体是不存在的，因此需要学生具有一定的抽象思维。在通过实验探究和总结得出牛顿第一定律以后，再通过引导学生弄清定律中的"一切物体""不受力的作用""静止或匀速直线运动"等关键性词语，把握定律的适用对象、成立条件以及相应现象等，增强学生学习的效果。

（4）突出以学生为主体，以教师为主导的教学理念，在教学过程中教师少讲，学生多动手、多思考，真正做到让学生动起来。以小组为学习单位，注重培养学生的自主学习能力和团队合作精神，充分发挥学生的主观能动性，促成课堂生成。

"超重和失重"教学设计

【设计思想】

超重与失重是学生初学牛顿第二定律后，知识的迁移和应用部分，因此本节是本章的一个比较重要的、典型的应用型知识点。教学中，我们践行"物理从生活中来，到生活中去"的理念（这对提升学生学习物理的成就感有巨大的妙处）。在教学设计上我们希望引导学生把低层次的生活经验、视频等素材经分析、综合，加工成更高级的思维活动，让学生去获取新的知识与技能并尝试着分析超重与失重现象。

本课的设计应坚持让学生"获取支撑终身学习和适应社会发展的必要品格和关键能力"，引导学生积极参与，乐于探索，通过探究、体验知识形成和获取的过程，完成对知识的构建，并培养学生的核心素养。

【教学目标】

根据教学大纲对本节的具体要求，针对所教学生的现有知识水平，结合教材，本着培养学生核心素养的原则，本课的教学目标定位如下。

1. 知识与技能

（1）认识超重和失重现象。

（2）知道产生超重、失重现象的条件。

（3）能够运用牛顿第二定律和牛顿第三定律分析超重和失重现象。

2. 核心素养

（1）培养学生观察、分析和综合的能力。

（2）通过实验探究，使学生形成实事求是的科学态度。

【教学重点】

什么是超重、失重及产生超重、失重现象的条件、实质。

【教学难点】

（1）产生超重和失重现象的实质。

（2）运用牛顿第二定律和牛顿第三定律对超重和失重现象的实例分析。

【教学用具】

1. 实验演示

剪有缺口的纸条、重物及装有水的瓶子。

2. 媒体资源

多媒体网络教室、自制PPT课件。

3. 录像片段

电梯中的超重与失重。

【教学流程图】

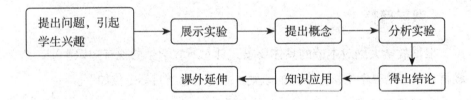

【教学过程】

表2-2-4 "超重和失重"教学过程

教学环节	师生活动	设计意图
（一）复习引入	展示幻灯片，给出如下四个问题引导学生回忆思考。 1. 什么是重力？ 2. 怎样测量物体的重力？ 3. 测量物体的重力时有何要求？	通过这一活动"温故而知新"，让学生明白读数即视重，本质是物对弹簧的拉力。

教学环节	师生活动	设计意图
（一）复习引入	4.体重计上的读数显示的是哪一个力？ 小组讨论交流后，请两位代表向同学们报告。注意，学生知识水平较低，可以提示他们画好受力图，理清各个力之间的关系。 生：读数就是人对体重计的压力。 师：正确。那同一物体，其读数是不是什么情况下都一样？比如加速、减速运动。 生：或许不一样吧	复习二力平衡及牛顿第三定律
（二）感受体验	演示1：人在电梯上升下降过程中的视重变化。 视频介绍：在真实的电梯环境中做本实验，让学生身临其境地感受超重与失重。 生：有时比重力小，有时比重力大。 师：对。物体的视重在不同的情况下可能是不同的。 教师通过学生给出的结果引导学生得出超重、失重的定义。 物体对悬挂物的拉力（对支持物的压力）大于物体的重力的现象，称为超重现象。 物体对悬挂物的拉力（对支持物的压力）小于物体的重力的现象，称为失重现象。 （此环节教学的焦点是认识超重与失重的现象。注意，要用一定手段解释清楚这里说的"拉力"及"压力"。）	通过真实的情境，让学生感受超重与失重现象，让学生充分体验学习的快乐。然后，抓住时机推出超重、失重的概念
（三）自主建构合作讨论	师：什么情况下会发生超重、失重现象？ 探究：发生超重和失重的条件 1.具体要求。 （1）记录各阶段的超重或失重现象。 （2）猜测超重（失重）现象与什么物理量有关并记录该物理量在各阶段的情况。 **探究电梯中的超重、失重现象**	培养学生观察实验和记录实验数据及实验现象的意识、习惯。

教学环节	师生活动	设计意图
（三）自主建构合作讨论	（3）根据你的记录寻找规律并交流。 师：同学们，联想下什么物理量与超重、失重有关，并在草稿纸上设计好表格。 2.设计表格，做好实验准备。 找出设计较好的表格，投影展示并点评。然后，出示教师设计好的表格。（这里充分考虑了学生较低的学习能力） | 项目\状态	速度方向	加速度方向	F与G关系	状态 | |---|---|---|---|---| | 加速上升 | | | | | | 匀速上升 | | | | | | 减速上升 | | | | | | 加速下降 | | | | | | 匀速下降 | | | | | | 减速下降 | | | | | 3.观看相关视频，完成以上表格。 演示2：人在电梯上升下降过程中的视重变化。 在完成表格的基础上，引导学生综合分析，归纳总结。 （1）回味联想，尝试着寻找规律。 生发言。 （2）小组内交流。 生1：表格具有对称性。 生2：应该与速度或加速度有关。 （3）小组代表发言。 根据教学具体情况，多请几组学生做相互交流与评价。 （4）引导整合。 教师在众多的交流问题中，抓住主要问题，即在什么运动情况下出现超重或失重现象，并进行引导。	让学生自己分析、讨论，由教师点评

生活物理 体验穷理——生活体验活动及其在中学物理教学中的应用

教学环节	师生活动	设计意图
（三） 自主 建构 合作 讨论	（5）师生达成共识。 物体是处于超重状态还是失重状态，仅由加速度方向决定，与物体速度方向无关。 （此环节的教学焦点是，从运动特征上深入观察实验并讨论分析，给学生带来"真实"的感受。） 师：我们从运动学的角度分析了竖直方向存在加速度，物体会产生超重与失重现象。那么超重与失重现象的实质是什么？ （6）理论探究——感悟为什么会出现超重和失重现象。 　①组织探究。 教师引导学生用牛顿运动定律的分析方法来分析问题。请小组代表上台讲解，针对学生的讲解，规范学生应用牛顿运动定律分析、解决问题的思路：假定运动（向上或向下、加速或减速）→选取研究对象进行受力分析→根据 $F=ma$ 列出方程得出拉力（支持力）的表达式→根据牛顿第三定律对压力的变化进行分析。 探究结果：产生超重与失重现象的原因是在竖直方向上存在加速度，本质是物体对悬挂物的拉力或对支持物的压力大小变化，物体的重力始终没有变化。 　②结果外推。 　引出概念：如果一个物体对支持物的压力（或对悬挂物的拉力）为零，称为完全失重。 动力学特征：$a=g$ 且方向向下	
（四） 实例 分析 生活 物理	演示3：将水装入矿泉水瓶中，在顶部及底面各打一个小孔，水从孔中喷出。现让矿泉水瓶下落，水将不再从孔中喷出。 师：为什么会发生这种现象呢？ 引导学生从完全失重的角度来分析。 （教师及时捕捉学生的创新思维，并正确引导，指出问题的实质。）	让物理"回到生活中去"，培养学生用物理知识分析生活现象的习惯
（五） 课堂 小结 巩固 提升	主要内容： 　　　超重与失重现象 　　　　　↓ 　　　超重与失重本质 　　　　　↓ 　　　分析超重与失重现象	

板书设计：

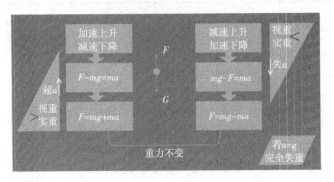

【教学反思】

学生在学习了牛顿第二定律后，需要一次真正的实践，满足"小试牛刀"的心理，而对超重与失重现象的研究恰恰满足了学生的这一心理。本节课的学习要让学生的认识有进一步的提高。本节课从生活中的"电梯现象"归纳总结而来，再回到生活中去，让学生感觉"亲切"，激发了学生的学习热情，利于学生对知识的理解。

（1）教学设计目标明确，应用了合作探究式的"情境—问题—探究—结论"的学习手段，但时间把握不好，有些仓促。我较少采用这种模式上课，但显然效果不错，学生参与度高。趣味实验虽简单，但学生对其的热情出乎教学前的预料；视频演示实验的效果也非常好。

（2）学生水平整体较低，活动的展开比较困难，学生还不会独立思考，知识也不过关，要他们讨论交流还是比较困难的，所以为了控制课堂进度，我提示较多，在这一问题上还要进一步尝试。复习引入时用了"悬挂式"，但分析超重与失重时却用了"台秤式"，这让学生思维切换困难。

（3）课堂中让学生设计表格，很多学生无从下手，拖延了课堂进程。要注意学生的水平，刚开始要求不要太高，可以帮学生设定表格，给学生一个循序渐进的过程；也不要"因噎废食"，不去尝试改变。

（4）板书设计一定要有，并且要与课程进度保持一致。

"动能和动能定理"教学设计

（高三第二轮复习课）

【学情分析】

学生经过一轮复习对动能和动能定理有了进一步的理解，对于应用动能定理解决一个力、单一过程的问题已经驾轻就熟，但是涉及多个力、多阶段时，如何做动能定理与牛顿运动定律、平抛运动、圆周运动以及电磁学等知识相结合的综合性试题，对学生来说还是不小的挑战。为了让学生系统掌握动能定理的解题思路，本节有针对性地以一题多变的形式挑选习题进行评讲。由于学生整体基础较为薄弱，习题难度不宜太大。

【设计思想】

本专题的重点有以下几方面：①重力、摩擦力、静电力和洛伦兹力的做功特点和求解；②与功、功率相关的分析与计算；③动能定理的综合应用。

1. 提问引入

通过多媒体展示由过山车演变出来的经典模型，给予已知条件，向学生提出三个问题，学生给予解答后，紧接着又展示两道同种类型的高考真题，使学生意识到一些经典模型在高考中是反复考的，二轮复习中要引起注意。

2. 课堂教学

按三部曲进行教学。第一，定，即定备考方向。给学生分析动能定理在高考中可能会与什么知识综合起来考查。第二，补，即以空格回忆的方式记动能和动能定理的知识要点，记后再活用，讲解一道典型例题并强调解题的格式，再对这道题进行三次变形，教会学生如何灵活运用动能定理。主要采用教师设疑，学生解答的教学方式。第三，验，即验备考能力。展示四道经典习题，与生活接轨，及时检查学生的掌握情况。

3. 课堂小结与作业布置

进行课堂小结并布置相应的作业。

【教学目标】

1. 物理观念

（1）理解动能的概念，利用动能定义式进行计算，并能比较不同物体的动能。

（2）理解动能定理表述的物理意义，并能进行相关分析与计算。

（3）深入理解 $W_合$ 的物理含义，区别共点力的作用与多个物理过程下 $W_合$ 的表述。

2. 科学探究方法、科学思维

理论联系实际，培养学生逻辑思维的能力，分析、解决问题的能力。

3. 科学态度与责任

联系实际，联系生活，提高学生的学习兴趣。

【教学重点】

动能定理的理解与深入应用。

【教学过程】

表2-2-5 "动能和动能定理"教学过程

教学环节	师生活动	设计意图
（一）情境引入	多媒体展示如下图片（由过山车演变出来的模型） *P* **光滑半球面图** 师：一固定容器的内壁是半径为R的光滑半球面，在半球面水平直径的一端有一质量为m的质点P，它在容器内壁由静止下滑到最低点的过程中重力加速度大小为g。	让学生意识到动能定理的重要性，知道一些经典模型在高考中是反复考的，二轮复习中要引起注意。

教学环节	师生活动	设计意图
（一）情境引入	向学生提出三个问题：（由学生思考后回答） 问题1：如何求出P在最低点时的速度？ 问题2：如何求出P在最低点时的向心加速度？ 问题3：如何求出P在最低点时轨道对P的支持力？ 师：一些常规的物理模型是高考中的高频考点，例如：（多媒体展示三道高考真题，向学生介绍命题点） （1）（2016·全国卷Ⅲ）（多选）如图所示，一固定容器的内壁是半径为R的半球面；在半球面水平直径的一端有一质量为m的质点P，它在容器内壁由静止下滑到最低点的过程中，克服摩擦力做的功为W，重力加速度大小为g。设质点P在最低点时，向心加速度的大小为a，容器对它的支持力大小为F_N，则（ ）。 **光滑半球面图** A. $a = \dfrac{2mgR-W}{mR}$ B. $a = \dfrac{2mgR-W}{mR}$ C. $F_N = \dfrac{3mgR-2W}{R}$ D. $F_N = \dfrac{2mgR-W}{R}$ 命题点：动能定理、牛顿第二定律及向心加速度的应用。 （2）（2015·全国卷Ⅰ）如图所示，一半径为R、粗糙程度处处相同的半圆形轨道竖直固定放置，直径POQ水平。一质量为m的质点自P点上方高度R处由静止开始下落，恰好从P点进入轨道。质点滑到轨道最低点N时，对轨道的压力为$4mg$，g为重力加速度的大小。用W表示质点从P点运动到N点的过程中克服摩擦力所做的功，则（ ）。 **半圆形轨道**	两道高考题由教师做简要总结，不做详细解答。题目和解析课前已以学案的形式印发给学生。用时6分钟

教学环节	师生活动	设计意图
	A. $W = mgR$，质点恰好可以到达Q点 B. $W > mgR$，质点不能到达Q点 C. $W = mgR$，质点到达Q点后，继续上升一段距离 D. $W < mgR$，质点到达Q点后，继续上升一段距离 命题点：动能定理、牛顿第二定律及向心力的应用。 师：动能定理仍将是高考的重点，下面我们一起来回顾什么是动能定理，如何灵活运用动能定理。 引导学生先记牢以下内容。 1. 动能 （1）概念：物体由于_____而具有的能叫动能。 （2）公式：$E_k =$ _____。 （3）单位：焦耳，1 J = 1_____。 （4）性质：动能是标量，是状态量，与v瞬时对应，具有相对性，大小与参考系的选择_____。 （5）动能的变化量：$\Delta E_k = \frac{1}{2}mv_2^2 - \frac{1}{2}mv_1^2$。 （6）动能的相对性。 由于速度具有相对性，动能也具有 _____，一般以_____为参考系。 2. 动能定理 （1）动能定理表达式：$W_合 = E_{k2} - E_{k1}$。 （2）五点说明： ① $W_合$为_____。 ② 动能增量$E_{k2} - E_{k1}$一定是物体在末、初两状态动能之差。 ③ 动能定理既适用于_____运动，也适用于_____运动。 ④ 动能定理既适用于_____做功，也适用于_____做功。 ⑤ 力可以是各种性质的力，既可以____作用，也可以____作用。 （3）应用动能定理的关键是"两点""一过程"： ①"两点"：指初、末状态及对应的动能E_{k1}、E_{k2}。 ②"一过程"：指从初状态到末状态的运动过程及合力做的功$W_合$。 师：同学们已经牢记了动能定理，下面我们来小试牛刀： （【典例】由师生共同解答，教师写出详细解题过程，并强调解题格式。）	以空格形式让学生回顾知识要点，主要针对基础较弱的学生，补基础知识的不足。用时5分钟。 【典例】第一问考查动能定理在单过程和多过程中的运用；第二问是动能定理与圆周运动知识的综合。教师做出详细解题过程，并强调解题的格式。用时约7分钟。

教学环节	师生活动	设计意图
（二）进入新课	【典例】（2016·全国卷Ⅲ）如下图所示，在竖直平面内由 $\frac{1}{4}$ 圆弧AB和 $\frac{1}{2}$ 圆弧BC组成的光滑固定轨道，两者在最低点B处平滑连接。$\overparen{AB}$ 的半径为R，$\overparen{BC}$ 的半径为 $\frac{R}{2}$。一小球在A点正上方与A相距 $\frac{R}{4}$ 处由静止开始自由下落，经A点沿圆弧轨道运动。 典例图 ①求小球在B、A两点的动能之比。 ②通过计算判断小球能否沿轨道运动到C点。 师：根据上题的物理模型，还可以怎样设计问题？下面我们来对它进行变身。 拓展变式1：在【典例】中若小球经过C点时对轨道的压力等于小球的重力，求小球由静止开始自由下落的位置距A点的高度。 师：孙悟空有72变，今天老师也使出自己的看家本领，再来变一变。 拓展变式1 拓展变式2：如下图所示，在【典例】中若使小球带上$+q$的电荷量，使整个装置处于竖直向上的匀强电场中，场强$E = \frac{mg}{2q}$，小球由静止开始下落，求小球经过C点时，下落位置距离A点的最小高度。 师：还要再变吗？	采用一题多变的形式，让学生学会灵活应用动能定理（拓展变式1、拓展变式2、拓展变式3）。教师不做详细解答过程，重点引导学生分析题意，分析情境，学生讨论自己完成。用时约18分钟

续表

教学环节	师生活动	设计意图
（三）拓展延伸自我发展	 **拓展变式2** 拓展变式3：如下图所示，在【典例】中若已知小球的质量为 m，重力加速度为 g，使小球带上 $+q$ 的电荷量，装置处于垂直纸面向里的有界匀强磁场中，A、C 点恰好位于磁场的上边界，磁感应强度 $B = \dfrac{m}{q}\sqrt{\dfrac{2g}{R}}$，其他条件不变，求小球经过 $\overset{\frown}{BC}$ 的 B、C 两点时对轨道的压力之比。 **拓展变式3** 师：接下来，老师来检验一下你们的学习情况。 这道题是动能定理在往复运动模型中的应用（由学生自己交流总结）。 （1）（多选）如下图所示，间距为 L、电阻不计的足够长平行光滑的金属导轨水平放置，导轨左端用一阻值为 R 的电阻连接，导轨上横跨一根质量为 m，电阻也为 R 的金属棒，金属棒与导轨接触良好。整个装置处于竖直向上、磁感应强度为 B 的匀强磁场中。现使金属棒以初速度 v 沿导轨向右运动，若金属棒在整个运动过程中通过的电荷量为 q，则下列说法正确的是（　　）。 **平行光滑金属导轨**	通过课堂训练巩固知识，使学生能灵活运用动能定理，及时反馈学生的学习效果。用时约9分钟

教学环节	师生活动	设计意图
（三）拓展延伸自我发展	A. 金属棒在导轨上做匀减速运动 B. 整个过程中金属棒克服安培力做功为 $\dfrac{1}{2}mv^2$ C. 整个过程中金属棒在导轨上发生的位移为 $\dfrac{2qR}{BL}$ D. 整个过程中电阻R上产生的焦耳热为 $\dfrac{1}{2}mv^2$ 师：接下来这道题是动能定理与功、功率的综合应用。 （2）我国高铁技术处于世界领先水平，和谐号动车组是由动车和拖车编组而成的，提供动力的车厢叫动车，不提供动力的车厢叫拖车。假设动车组各车厢质量均相等，动车的额定功率都相同，动车组在水平直轨道上运行过程中阻力与车重成正比。某列动车组由8节车厢组成，其中第1、5节车厢为动车，其余为拖车，则该动车组（　　）。 A. 启动时乘客受到车厢作用力的方向与车运动的方向相反 B. 做匀加速运动时，第5、6节车厢与第6、7节车厢间的作用力之比为3：2 C. 进站时从关闭发动机到停下来，滑行的距离与关闭发动机时的速度成正比 D. 与改为4节动车带4节拖车的动车组最大速度之比为1：2 和谐号动车	
（四）课后作业	如下图所示，质量为$m=1$ kg的小物块由静止轻轻放在水平匀速转动的传送带上，从A点随传送带运动到水平部分的最右端B点，经半圆轨道C点沿圆弧切线进入竖直光滑的半圆轨道，恰能做圆周运动。C点在B点的正上方，D点为半圆轨道的最低点。小物块离开D点后做平抛运动，恰好垂直于倾斜挡板打在挡板与水平面相交的E点。已知半圆轨道的半径$R=0.9$ m，D点距水平面的高度$h=0.75$ m，取$g=10$ m/s^2，求： （1）摩擦力对小物块做的功。 （2）小物块经过D点时对轨道压力的大小。 （3）倾斜挡板与水平面间的夹角θ。	课后及时巩固

教学环节	师生活动	设计意图
（四）课后作业	 **课后作业**	

【教学反思】

古人曰："学然后知不足，教然后知困。知不足，然后能自反也；知困，然后能自强也。"在实践中，最能引人深思的主要有以下这几个方面：

（1）传统的题海战术，走马观花式地做再多的题目，没有深刻体会知识也会被遗忘。我想掌握一点总比一点也没掌握要好，故在复习课中选题不在多，而在精。实践证明，采用一题多变的方式，既能发散学生的思维，又能有效培养学生科学探究知识的思维和主动探究科学的品质。美中不足的是未把握好学情，有些问题还可以再深挖。

（2）我深切感到，作为一名物理教师，在备课时，除了要充分理解教材，还应深入研究学生的感知特点，如学生的接受能力、哪些知识是他们的盲点等。本节课的设计深度若是再深点，广度再大点，可能效果会更佳。

（3）复习课以练习为主，比较枯燥乏味，课堂效率低下。第斯多惠说："教学的艺术不在于传授本领，而在善于激励、唤醒和鼓舞。"本节课在课堂上启发、提问、训练都没少，学生的学习热情高涨，达到了快乐学习的效果，在以后教学中我要努力让学生多动手，甚至上讲台做题、讲题。

总之，这次实践教学给我留下了精彩而美好的回忆，它将是我人生道路上一道靓丽的风景。我会把在这里学习到的先进的教学理念与实践知识带回学校，用于今后的教育教学，尽最大的能力来提升自我，完善自我。

第三章

电磁学课堂体验活动案例及教学设计

　　本章包括16个完整的电磁学生活体验活动案例和4个教学设计，涉及物理新课程选修3-1、3-2等相关的典型的完整案例及教学设计。每个生活体验活动都以物理新课程为依据，通过高中物理教学回归生活，把学生原有的经验上升到科学的层次，促进学生个性、全面而又和谐的发展和自主学习能力以及创新能力的培养，也为学生的终身学习打下基础。

第一节 电磁学课堂体验活动案例

"研究物体的起电"课堂体验活动案例

表3-1-1 "研究物体的起电"课堂体验活动案例

名称	摩擦可使物体带电	类别	概念教学
目标	学生通过亲自动手操作，知道摩擦可以使物体带电，加深对起电方式的理解		
章、节	选修3-1 第一章 第一节 认识静电		
材料	橡胶棒、玻璃棒、红色细纸屑		
过程	请学生亲自动手操作以下实验： 1. 将用毛皮摩擦过的橡胶棒靠近红色纸屑，观察实验现象。 2. 将用丝绸摩擦过的玻璃棒靠近红色纸屑，观察实验现象。 学生根据实验现象，提出问题并讨论，最后归纳起电方式	 摩擦使物体带电图	
说明	1.为使效果显著，尽量选择足够小的纸屑。 2.应在干燥的环境下进行实验		

"电场线"课堂体验活动案例

表3-1-2 "电场线"课堂体验活动案例

名称	让电场线"看"得见	类别	规律教学
目标	用实验、观察的方法研究各种带电体的电场线，让电场线"看"得见		
章、节	选修3-1 第一章 第三节 电场强度		
材料	手摇静电发生器、头发屑、蓖麻油		
过程	1. 将手摇静电发生器与"点电荷"连接，摇动手柄，观察悬浮在蓖麻油中的头发屑的排列情况。 2. 将手摇静电发生器与等量异种"点电荷"连接，摇动手柄，观察悬浮在蓖麻油中的头发屑的排列情况。 3. 将手摇静电发生器与等量同种"点电荷"连接，摇动手柄，观察悬浮在蓖麻油中的头发屑的排列情况	 **各种带电体的电场线**	
说明	注意在干燥的环境下进行演示		

"闭合电路欧姆定律"课堂体验活动案例

表3-1-3 "闭合电路欧姆定律"课堂体验活动案例

名称	闭合电路欧姆定律的研究	类别	规律教学
目标	用可调内阻电源研究闭合电路欧姆定律		
章、节	选修3-1　第二章　第三节　研究闭合电路		
材料	内阻可调的电源、电压表、电阻箱、开关、导线等		
过程	让学生两人分组，正确连接电路。 1. 断开外电路，用电压表分别测量内电压和外电压，要求学生记录读数。 2. 接通电路，调节电阻箱，记录此时测量内电压和外电压的两表读数。 3. 改变电源的内阻，重复以上实验，并记录对应数据。 让学生根据实验结果总结闭合电路的欧姆定律	 研究闭合电路欧姆定律	
说明	实验时应正确连接电路，操作应注意安全		

"制作原电池"课堂体验活动案例

表3-1-4 "制作原电池"课堂体验活动案例

名称	"水果电池"	类别	新课引入教学
目标	通过制作"水果电池",理解"水果电池"是利用水果中的化学物质和金属片发生反应产生电能的一种电池		
章、节	选修3-1 第二章 第三节 研究闭合电路		
材料	水果(酸性)、导线、锌片、铜片、发光二极管		
过程	1. 将锌片插入一个切开的柠檬的大约 1/3 处,使用小刀在柠檬另一边 1/3 处切开一个1 cm的切口。 2. 将铜片插入切口直到金属片的一半都在柠檬中。 3. 使用导线和夹子将第一个柠檬上的锌片与第二个柠檬上的铜片连接在一起,以此类推,这样就将四个柠檬电池连接在一起了。同时也给第一个铜片和最后一个锌片连上带夹子的导线	 制作"水果电池"	
说明	1. 这样的"水果电池"产生的电压大约在 0.5 V– 1 V之间。 2. 本实验用4个柠檬(酸橙、苹果、梨、菠萝也可以)		

"研究磁体的磁场"课堂体验活动案例

表3-1-5 "研究磁体的磁场"课堂体验活动案例

名称	看得见的"磁场线"	类别	规律教学
目标	用实验器材直观显示永磁铁的磁场线，让物理由抽象变具象		
章、节	选修3-1 第三章 第二节 认识磁场		
材料	条形磁铁、U形磁铁、磁感线演示板		
过程	请学生亲自动手操作以下实验： 1. 将条形磁铁轻放在磁感线演示板上，观察磁感线的走向。 2. 将U形磁铁轻放在磁感线演示板上，观察磁感线的走向。 3. 将两根条形磁铁的同名磁极相隔适当距离相对放置，重复操作1，可显示两同名磁极间的磁感线。 4. 将两根条形磁铁异名磁极相隔适当距离相对放置，重复操作1，可显示两异名磁极间的磁感线	 条形磁铁的磁场线 U形磁铁的磁场线	
说明	使用磁感线演示板前应适当轻摇		

"研究电流的磁场"课堂体验活动案例

表3–1–6 "研究电流的磁场"课堂体验活动案例

名称	观察直线电流磁场	类别	规律教学
目标	知道电流可以产生磁场，并且探究、归纳直线电流周围磁场的分布		
章、节	选修3–1　第三章　第二节　认识磁场		
材料	四节干电池、长直导线、小磁针		
过程	请学生亲自动手操作以下实验： 1. 把电池、长直导线、开关连成回路，开关断开。 2. 把小磁针放置在长直导线下方。 3. 闭合开关，观察小磁针的运动。 学生根据实验现象，提出问题并讨论，最后归纳电流的磁场分布	 **直线电流的磁场**	
说明	为避免地磁场的影响，接通开关前，导线应南北方向放置		

"探究安培力的方向" 课堂体验活动案例

表3-1-7 "探究安培力的方向" 课堂体验活动案例

名称	探究安培力的方向	类别	规律教学
目标	探究并归纳安培力的方向与电流、磁场方向的关系		
章、节	选修3-1 第三章 第三节 探究安培力		
材料	电源、平行导轨、U形磁铁、一端有标志的金属导体棒		
过程	请学生亲自动手操作以下实验： 1. 把电源、平行导轨连接好，一端贴有标志的金属导体棒放在平行导轨上，U形磁体放置在金属导体棒附近，开关断开。 2. 闭合开关，观察电流方向、磁场方向以及金属导体棒的运动方向。 3. 改变磁场的方向，闭合开关，重复以上实验	 **探究安培力的方向**	
说明	金属导体棒放在平行导轨上时应注意与导轨垂直		

"安培力的应用"课堂体验活动案例

表3-1-8 "安培力的应用"课堂体验活动案例

名称	认识直流电动机	类别	规律教学
目标	通过研究直流电动机的转动,知道电动机转动的原理,同时让学生了解换向器的作用		
章、节	选修3-1　第三章　第四节　安培力的应用		
材料	学生电源、长直导线、小型电动机、开关、20Ω的滑动变阻器		
过程	让学生两人分组,正确连接电路。 1.闭合开关之前,将滑动变阻器滑到最大值。 2.闭合开关,调节滑动变阻器至恰当位置时,电动机会转动。 3.继续减小滑动变阻器阻值,观察电动机转动的快慢	 **直流电动机**	
说明	1.当电动机的换向器刚好处于转换位置时,应适当推动电动机。 2.在滑动变阻器滑动过程中,发现电动机始终不动,可能是电流不足,可适当提高电源电动势		

"研究洛伦兹力"课堂体验活动案例

表3-1-9 "研究洛伦兹力"课堂体验活动案例

名称	观察运动电荷受磁场力的作用	类别	规律教学
目标	1. 知道磁场对运动电荷有力的作用。 2. 知道磁场对运动电荷作用力的方向与磁场方向的关系		
章、节	选修3-1　第三章　第五节　研究洛伦兹力		
材料	高压电源、抽成真空的阴极射线管、导线、开关		
过程	请学生亲自动手操作以下实验: 1. 把高压电源与抽成真空的阴极射线管连成回路,开关断开。 2. 闭合开关,观察无磁场时阴极射线的运动轨迹。 3. 闭合开关,用条形磁铁的N极靠近阴极射线管,让学生观察电荷的运动轨迹。 4. 闭合开关,用条形磁铁的S极靠近阴极射线管,让学生观察电荷的运动轨迹	 观察运动电荷受磁场力的作用	
说明	实验环境应避免存在其他强磁场而影响实验结论		

"洛伦兹力的应用"课堂体验活动案例

表3-1-10 "洛伦兹力的应用"课堂体验活动案例

名称	用示波器显示磁场 对运动电荷的作用	类别	规律教学
目标	借助示波器,感受磁场对运动电荷有力的作用,学会判断磁场对运动电荷作用力的方向,让物理变得更有趣有味		
章、节	选修3-1 第三章 第五节 研究洛伦兹力		
材料	示波器、U形磁铁		
过程	请学生亲自动手操作以下实验: 1. 调节示波器,使荧光屏中央出现水平扫描线。 2. 将一块U形磁铁放在荧光屏前,看亮线如何弯曲,并和"左手定则"判断的结果相比较	 用示波器显示磁场对运动电荷的作用	
说明	此实验不可以在彩色电视机的显像管前进行		

"探究感应电流的方向"课堂体验活动案例

表3-1-11 "探究感应电流的方向"课堂体验活动案例

名称	感应电流方向的判定	类别	规律教学
目标	通过螺线管感应电流的方向，探究并归纳感应电流方向的判定方法，培养学生的总结归纳能力		
章、节	选修3-2 第一章 第三节 感应电流的方向		
材料	条形磁铁、螺线管、导线、灵敏电流计		
过程	分别用条形磁铁的N极和S极插入（或拔出）螺线管，观察螺线管的绕向和感应电流的方向 探究感应电流的方向		
说明	条形磁铁的N极和S极决定磁场的方向，插入和拔出确定磁通量的变化情况，通过观察感应电流的方向来总结规律		

"楞次定律的应用"课堂体验活动案例

表3-1-12 "楞次定律的应用"课堂体验活动案例

名称	铝环的运动	类别	规律教学
目标	观察铝环的运动状态，加深对楞次定律的理解		
章、节	选修3-2 第一章 第三节 感应电流的方向		
材料	条形磁铁、轻质铝环、T形支架		
过程	引导学生进行以下操作： 1. 让条形磁铁分别靠近或远离闭合的铝环A，观察铝环的运动状态。 2. 让条形磁铁分别靠近或远离非闭合的铝环B，观察铝环的运动状态	 **磁场对铝环的作用**	
说明	为了使实验效果更明显，可在条形磁铁上加上几个强力磁铁		

"法拉第电磁感应定律的应用"课堂体验活动案例

表3-1-13　"法拉第电磁感应定律的应用"课堂体验活动案例

名称	磁铁吸铝管	类别	习题教学
情境	一个轻质铝管放置在水平桌面上，将带有手柄的柱状磁铁插入铝管内，在向外抽出磁铁的过程中（忽略磁铁与铝管间摩擦力的影响）（　　　）。 A. 桌面对铝管的支持力等于铝管所受的重力 B. 桌面对铝管的支持力小于铝管所受的重力 C. 当磁铁拔出速度达到一定值时，铝管会跳起来 D. 无论磁铁拔出速度多大，铝管都不可能跳起来		
目标	通过实验，降低学生认知的难度，从而让学生发现问题的本质		
章、节	选修3-2　第一章　第五节　法拉第电磁感应定律的应用		
材料	带有手柄的柱状磁铁、铝管		
过程	1. 一个轻质铝管放置在电子台秤上，读出台秤的示数。 2. 将带有手柄的柱状强力磁铁插入管内（强力磁铁不与铝管内壁接触）。 3. 将强力磁铁从铝管中拔出，观察台秤示数的变化；再将强力磁铁以较大的速度从铝管中拔出	研究磁场对铝管的作用力	
说明	当强力磁铁拔出速度达到一定值时，感应电流的磁场对铝管产生的向上的磁场力大于铝管所受重力，因此，铝管会跳起来		

"自感现象及其应用"课堂体验活动案例

表3-1-14 "自感现象及其应用"课堂体验活动案例

名称	千人震	类别	新课引入教学
目标	引起学生对课题的强烈兴趣，激发学生的求知欲望		
章、节	选修3-2 第一章 第六节 自感现象及其应用		
材料	两节电动势为1.5V的新干电池、几根导线、开关和一个镇流器		
过程	1. 将电池、镇流器、开关、导线连接起来。 2. 几位参与体验的学生手拉手围成一圈，和电池、镇流器、开关、导线连成如图所示的电路。 3. 闭合开关，经过一段时间再断开开关。开关断开的瞬间，学生会有明显触电的感觉	 **学生体验自感现象**	
说明	本教具电路简单，操作容易，产生的触电效果带给学生的印象深刻		

"体验自感现象"课堂体验活动案例

表3-1-15 "体验自感现象"课堂体验活动案例

名称	镇流器的火花	类别	概念教学
目标	通过创设生活中的情境引入新课,提出研究的问题,使学生明确学习目标,让学生在好奇、质疑中产生探究问题的欲望		
章、节	选修3-2 第一章 第六节 自感现象及其应用		
材料	镇流器、插头		
过程	1. 把镇流器的一端与插头的一端扭合在一起,把插头插入家用电源中。 2. 用没有扭合的线头进行接触,在接触的瞬间和分开的瞬间,在接触的地方会产生电火花。 3. 提问学生为什么会有电火花,让学生分组看书并相互讨论。 4. 最后请各组派组员上台进行讲解和分析	 体验自感现象	
说明	最好有一名学生专门控制总开关,以确保安全		

"研究涡流现象"课堂体验活动案例

表3-1-16 "研究涡流现象"课堂体验活动案例

名称	强力磁铁在铜管中龟速下降	类别	概念教学
目标	通过磁铁在铜管中落下时发生的神奇现象,激发学生学习的求知欲		
章、节	选修3-2 第一章 第七节 涡流现象及其应用		
材料	纯铜管一根、强力磁铁若干		
过程	1. 准备一根纯铜管和几个强力磁铁,把磁铁从铜管上方放入铜管中。 2. 调整摄像机镜头,看到磁铁下降得很慢,好像有什么东西阻挡着它下落一样。 原理:磁铁移动产生的变化磁场导致铜管产生了涡流,涡流产生的磁场反过来作用于磁铁,阻碍它的运动,故而磁铁下降速度变慢	 **强力磁铁在铜管中下降**	
说明	为了使效果明显,纯铜管要求壁尽量厚一些		

第二节　电磁学课堂体验活动教学设计

"探究安培力"教学设计

【设计思想】

"探究安培力"是粤教版《普通高中课程标准实验教科书·物理（选修3–1）》第三章第三节的内容，是电磁学的核心内容之一，在整个高中物理中占有相当重要的地位。本节内容揭示了磁和电的内在联系，通过探究实验的方法归纳出了通电导体在磁场中受力的规律，在教材中起到了承前启后的作用，是学生学习法拉第电磁感应定律和交变电流产生的基础。为了使学生对安培力有一个全面的认识，教材拓展内容还给出了一般情况下安培力的公式 $F = ILB\sin\theta$，可以更好地拓宽学生的思路。

【教学目标】

1. 知识与技能

（1）通过实验探究，知道什么是安培力，会计算匀强磁场的安培力大小。

（2）会判断安培力的方向，知道左手定则。

（3）理解磁感应强度 B 的定义及单位，会用它来进行相关计算。

（4）知道用磁感线的疏密可以形象、直观地反映磁感应强度的大小。

2. 过程与方法

（1）通过演示磁场对电流的作用的实验，培养学生利用控制变量法总结归纳物理规律的能力，了解物理学的研究方法。

（2）通过学习左手定则，理解磁场方向、电流方向和安培力方向三者之间的关系，培养学生空间想象的能力。

（3）经历安培力方向的探究过程，认识科学探究活动在物理学研究中的重要意义。

（4）了解磁感应强度定义的思路，重温比值定义法。

3. 情感、态度与价值观

通过对安培力规律的探究活动，培养学生尊重事实、实事求是的科学态度。

【教学重点】

安培力的方向的确定和大小的计算。

【教学难点】

左手定则的运用。

【教学策略】

新课标要求我们从三维目标培育学生，将科学探究列入内容标准，使学生从被动接受知识向主动获取知识转变，从而培养学生的科学探究能力、实事求是的科学态度和敢于创新的探索精神，因此，在教学中要让学生在解决问题的同时，产生新的疑问，驱使学生进一步学习和探究，最后让学生带着新的疑问走出课堂，以利于学生的课后学习发展。在课堂教学中要积极发挥学生的主体作用，注重学生的探究过程和知识的建构过程，让学生体验科学探究的一般过程，领悟科学探究的方法。

【教学用具】

铁架台、金属棒、导线、U形磁铁、电源、开关、变阻器、课件（包含录像）。

【教学流程图】

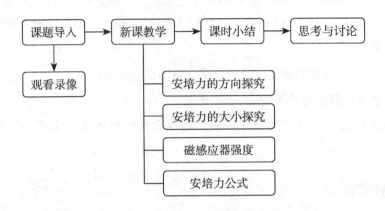

【教学过程】

表3-2-1 "探究安培力"教学过程

教学环节和教学内容	教师活动	学生活动	设计意图
（一）课题导入 （3分钟左右） 先观看录像（电动汽车、工厂电动车床等），接着引入课题：安培力是什么？它的大小和方向怎样？	问：磁场的基本性质是什么？ 讲述安培的故事	观看录像。 答：磁场的基本性质是对放入其中的磁体（或通电导线）产生力（磁场力）的作用	用贴近生活的例子引入课题，激发学生学习的兴趣。 通过讲述安培的故事，使学生树立认真探究的科学观念
（二）新课教学 （30分钟左右） 1.安培力的方向 提出问题：安培力的方向可能与什么有关？ 进行猜想： 磁场方向、电流方向。 设计实验： 控制变量法。 进行探究： 探究一：研究电流与磁场平行时，通电导线的受力情况。	引导学生猜测。 问：如何验证想象？ 问：当探究的问题为"一个因素与多个因素的关系"时，同时研究是非常复杂的，应该采用什么方法研究？	猜测、讨论。 答： 实验方法。 答： 控制变量法。	引导学生大胆猜测，启发学生思维，使学生了解物理学的研究方法——控制变量法。

教学环节和教学内容	教师活动	学生活动	设计意图
结论：电流与磁场平行时，导线受到的安培力为零。 探究二：研究电流与磁场垂直时，通电导线的受力情况。 结论：安培力的方向既与磁场方向垂直，又与电流方向垂直。 进一步讨论安培力、磁场和电流方向关系。 结论：磁场和电流方向不一定垂直。 提出"左手定则"： 万箭穿心（磁感线穿手心）、仙人指路（四指指向电流方向）、一指乾坤（大拇指指向安培力方向）。 "左手定则"是难点，将下图的侧视图、俯视图和剖面图——引导学生展示。 "左手定则"图	演示：按照教材P79图3-3-1所示进行演示。（导线平行于磁场放置） （1）保证磁场方向不变，改变电流方向。 （2）保证电流方向不变，改变磁场方向。 问：安培力既垂直于磁场，又垂直于电流，是否可以说磁场和电流一定垂直？ 问：我们已经了解了导线受力的方向与磁场方向、电流方向的关系，能用简洁的方法表示这个关系吗？ 引导学生将三维图形用二维图形表达（侧视图、俯视图和剖面图等）出来，还要引导学生将二维图形想象成三维图形	认真观察，得出结论。 观察实验并把实验结果用表格形式记录下来。讨论交流后得出结论。 小组（4人）讨论。 观察 理解 空间想象	对教材内容进行必要的补充（实验）。 通过讨论，让学生对这个知识有较深的认识，引入"左手定则"。 通过学习"左手定则"，理解磁场方向、电流方向和安培力方向三者之间的关系，培养学生的空间想象能力
2.安培力的大小 提出问题：安培力的大小可能与哪些因素有关？ 进行猜想。 磁场方面：磁场的强弱。	用类比法：根据电场力的大小$F=qE$，电场对电荷的作用力的大小一方面与电场的强弱有关，另一方面与电荷量	思考和讨论并罗列出可能影响安培力大小的因素。	有利于学生掌握物理方法——类比法。

生活物理 体验穷理
——生活体验活动及其在中学物理教学中的应用

教学环节和教学内容	教师活动	学生活动	设计意图
通电导线方面：导线在磁场中放置的方向、导线中的电流大小、导线的长度、导线的材料、导线的横截面积、导线的电阻…… 设计实验。 说明：安培力很小，不便于测量，但是我们可以通过观察悬线偏离竖直方向的夹角来定性判断力的大小。夹角越大，说明安培力越大。 进行探究： 探究一：安培力的大小与导线在磁场中放置方向的关系。 结论：$I \perp B$，F最大；$I /\!/ B$，$F=0$；I与B斜交，F介于最大值与0之间。 探究二：安培力的大小与电流大小的关系。 结论：安培力的大小随电流的增大而增大。 探究三：安培力的大小与通电导线在磁场中的长度的关系。 结论：安培力的大小随通电导线在磁场中的长度的增加而增大。 大量实验表明：影响安培力大小的因素只有导线在磁场中放置的方向、电流大小、通电导线长度三种，与通电导线的其他因素无关。 最后结论（精确实验表明）： $F \propto IL$（同一磁场）	的大小有关。请学生猜测安培力的大小可能还与哪些因素有关？ 导线在磁场中的放置方向这个因素可能学生较难想到，要引导学生选择器材、设计实验。 引导2位学生上台做演示实验（保持电流的大小、通电导线的长度及其他条件不变，只改变导线与磁场方向的夹角）。 引导学生在保持通电导线在磁场中的长度以及其他条件均不变的情况下，通过移动滑动变阻器触头改变导线中电流的大小。 引导学生在保持通电导线中电流大小以及其他条件均不变的情况下，通过选择安培力实验仪不同的接线柱连入电路而改变导体棒通电部分的长度。 讲述：我们的实验只是定性地说明了安培力与导线长度L、电流I的关系，那么它们有何定量关系呢？	讨论设计实验，并选择器材（按照教材P79图3-3-1，加个变阻器进行实验）。 观察 总结 观察 交流 总结 观察 交流 总结 讨论并猜测	培养学生的科学探究精神。 改进教材的不足：很难由教材提供的实验直接得出定量关系。 培养学生的动手能力和合作交流能力。 把学生探索未知世界的激情推向高潮

教学环节和教学内容	教师活动	学生活动	设计意图
3. 磁感应强度 列表对比电场中电场强度概念的建立与磁场中磁感应强度概念的建立。（列表对照放在学案处） 用学生已掌握并且熟悉的电场强度来引入磁感应强度。 介绍磁感应强度的定义、符号、公式 $B = F/IL$（$B \perp I$ 时）、单位、方向等。 与匀强电场相联系，介绍匀强磁场。 强调：B反映了磁场本身的性质，与F、I和L无关。 提醒学生注意安培力与库仑力的区别	问：比值F/IL有何物理意义？上面的实验中，若保持磁场不变，改变IL，结果这个比值保持不变。那么在不同磁场中这个比值相同吗？我们可以对照电场来进行分析。 问：电场中，比值F/q由谁确定？它反映了什么？ 问：磁场中，比值F/IL由谁确定？它又反映了什么？ 讲述：具体说来，磁场磁性越强，比值F/IL越大；磁场磁性越弱，比值F/IL越小。我们把比值F/IL定义为一个新的物理量——磁感应强度。 问：有人根据$B = F/IL$提出磁场中某点的磁感应强度B与磁场力F成正比，与电流强度I和导线长度L的乘积IL成反比，这种说法对不对？	答：由电场确定，反映电场的强弱。 答：由磁场确定，反映磁场的强弱。 思考并讨论	掌握物理学方法——类比法。 重温比值定义法
4. 计算安培力大小的公式： $F = BIL$	强调适用条件： ① B与I垂直； ② L很小或B恒定		
（三）课时小结 （3分钟左右） 1. 知识点小结 （1）安培力的方向。 （2）安培力的大小。 （3）磁感应强度。	引导学生总结：在本节内容的学习中，我们学到了哪些知识？体会到哪些物理方法？请同学们总结归纳一下。 多媒体演示小结内容	回忆 总结	加深学生知识的掌握程度，总结课堂重点知识，以利于完成教学目标

教学环节和教学内容	教师活动	学生活动	设计意图
2．方法小结 （1）类比法。 （2）控制变量法			
（四）巩固与练习 （5分钟左右） 教材P82（1）（2）（4）	引导学生完成练习	完成练习	巩固知识，学会灵活应用
（五）思考与讨论 如果通电导线与磁场方向不垂直也不平行，而是存在某一夹角θ，如何计算安培力？安培力的方向如何？			让学生带着问题走出课堂，以利于学生的课后学习发展

板书设计：

第三节　探究安培力

1.安培力的方向

判断安培力方向（"左手定则"）：万箭穿心（磁感线穿手心）、仙人指路（四指指向电流方向）、一指乾坤（大拇指指向安培力方向）

2.安培力的大小

$I\perp B$时，F最大；$I /\!/ B$时，$F=0$；I与B斜交时，F介于最大值与0之间。

3.磁感应强度

（1）概念：P80。

（2）定义式：$B=F/IL$（$B\perp I$时）。

（3）单位：T。

（4）方向：磁场方向。

（5）匀强磁场的概念：P80。

（6）特点：B处处相同。

4.计算安培力大小的公式：$F=BIL$

适用条件：

（1）B与I垂直。

（2）L很小或B恒定。

【教学反思】

通过本节课的学习，使学生初步认识了科学探究的方法与意义，体会了控制变量的思想方法；教学中注重实验设计，充分发挥实验教学功能，突出体现了物理学科的特点；注重理论联系实际，力求使学生认识安培力的应用给我们的生活带来的影响，充分体现"从生活走向物理，从物理走向社会"的物理新课程理念。

注重让学生亲身经历科学探究的实践过程，培养学生的观察能力、实验能力以及分析综合能力，让学生获得成功的体验，进一步激发学生的学习热情和动力，有效地达成课程目标。

不过教学过程中也有不足之处：一是时间太仓促，学生的探究过程缺乏充足的时间；二是因为实验器材不足，所以不能开展分组实验，不能提高大部分学生的动手能力；三是无法用学校现有的实验器材找出安培力大小与电流和通电导体长度的定量关系。

"巧用'动态圆'解决带电粒子在磁场中运动的问题"教学设计

（高三第一轮复习课）

【设计思想】

学生已学习了带电粒子在匀强磁场中做圆周运动的基本规律、求解此类问题的基本分析方法和思路，同时对带电粒子在有界磁场（直线边界、平行边界、圆形边界）中的运动等问题也进行了分析和研究。本课是用"动态圆"解决带电粒子在磁场中运动的临界问题，是一节扩展提升课，对学生的综合能力有较高要求。

【教学目标】

结合教材，本着使学生全面发展的原则，本课的教学目标定位如下。

1. 知识与技能

（1）掌握带电粒子在匀强磁场中运动的基本公式。

（2）培养学生解决物理问题的能力，增强学生之间的交流和合作。

2. 过程与方法

（1）了解带电粒子在匀强磁场中运动的临界问题的基本分析方法和思路。

（2）学生通过参与体验探究活动，掌握用"旋转圆"和"缩放圆"寻找临界点的方法，解决带电粒子在磁场中运动的临界问题。

3. 情感、态度与价值观

（1）培养学生利用生活资源，主动探索、善于分析解决物理问题的能力。

（2）激发学生学习物理知识的热情。

【教学重点】

带电粒子在匀强磁场中运动的临界问题的基本分析方法和思路。

【教学难点】

掌握用"旋转圆"和"缩放圆"解决带电粒子在磁场中运动的临界问题的方法。

【教学方法】

讲授、探究、讨论、练习。

【教学用具】

多媒体设备、圆形纸板、教学圆规。

【教学过程】

表3-2-2 "巧用'动态圆'解决带电粒子在磁场中运动的问题"教学过程

教学环节	师生活动	设计意图
（一）考题回顾情境引入	（2010年全国）如图所示，在$0 \leqslant x \leqslant a$区域内存在与$xOy$平面垂直的匀强磁场，磁感应强度的大小为$B$。在$t=0$时刻，一位于坐标原点的粒子源在$xOy$平面内发出大量同种带电粒子，所有粒子的初速度大小相同，方向与y轴正方向的夹角分布在0° ～ 180° 范围内。已知沿y轴正方向发射的粒子在$t=t_0$时刻刚好从磁场边界上P（$\sqrt{3}a$, a）点离开磁场。求： （1）粒子在磁场中做圆周运动的半径R及粒子的比荷q/m。 （2）此时刻仍在磁场中的粒子的初速度方向与y轴正方向夹角的取值范围。	引出问题 （5分钟）

教学环节	师生活动	设计意图
（二）自主学习合作体验	（3）从粒子发射到全部粒子离开磁场所用的时间。 师：对于粒子源等带电粒子在有界磁场中的运动，如何确定动态圆和边界的关系，寻找临界点？ 学生认真思考 情境1：带电粒子从某一点以大小不变而方向不限定的速度垂直射入匀强磁场。 师：请同学们通过小组合作、讨论，尝试用自制圆板来寻找粒子轨迹。 　　 **自制圆板**　　　　　　　　**旋转圆** 结论1：所有圆的圆心均以入射点O为圆心，在半径为R的圆上，其轨迹连续起来观察是一个半径为2R的运动圆。 情境2：带电粒子从某一点以方向不变而大小在改变（或质量改变）的速度垂直射入匀强磁场。 师：请同学们再次通过小组合作、讨论，尝试用圆规来寻找粒子轨迹。 　　 **教学圆规**　　　　　　　　**缩放圆** 结论2：所有圆均与入射点相切，是一个半径不断放大（速度或质量逐渐增大时）或缩小（速度或质量逐渐减小时）的运动圆	利用生活体验来解决物理问题，通过合作体验提升学生合作能力。 （10分钟）

教学环节	师生活动	设计意图
（三）学以致用知识拓展	**1. 旋转圆** **典型例题1：** 如下图所示，水平放置的平板MN上方有方向垂直于纸面向里的匀强磁场，磁感应强度为B，许多质量为m，带电量为+q的粒子，以相同的速率v沿位于纸面内的各个方向，由小孔O射入磁场区域，不计重力，不计粒子间的相互影响。下列图中的阴影部分表示带电粒子可能经过的区域，其中$R=mv/（qB）$，哪个图是正确的？（　　） 典型例题1图 A　　B C　　D 学生活动：用"动态圆"来寻找临界，解决问题。 **2. 缩放圆** **典型例题2：** 长为L的水平极板MN，有垂直于纸面向外的匀强磁场，磁感应强度为B，板间距离为L/2。一质量为m，电荷量为q的带负电粒子（不计重力），从右上板处以速度v_0水平射入磁场，欲使粒子不打在极板上，粒子入射速度v_0应满足什么条件？ 学生活动：用"缩放圆"来寻找临界，解决问题。 典型例题2图	让学生通过实物教具参与体验，寻找题目中的临界（20分钟）

教学环节	师生活动	设计意图
（四）课堂小结巩固提升	巩固练习：如下图所示，真空室内存在方向垂直于纸面向里，大小 $B=0.6T$ 的匀强磁场，内有与磁场方向平行的板 ab，在距 ab 距离为 $l=16$ cm 处，有一点状的放射源 S 向各个方向发射 α 粒子，α 粒子的速度都是 $v=3.0 \times 10^6$ m/s。已知 α 粒子的电荷与质量之比 $q/m=5.0 \times 10^7$ C/kg，现只考虑在图纸平面中运动的 α 粒子，求 ab 上被 α 粒子打中的区域的长度。 巩固练习图	臻于完善，升华课堂（5分钟）

【教学反思】

本节课利用学生的生活体验来解决物理问题的教学尝试得到学生和听课教师的高度评价，这极大地增强了我个人今后在课堂教学改革和创新方面的决心和信心。当然就"如何通过生活体验提高物理课堂教学效率"，通过学生问卷调查和听课教师评课引发了我对物理课堂教学的再一次深思，让我收获良多。

思考1：

在评课阶段，听课教师给出两点意见：一是借助实物教具寻找临界可快速解决难题，但考试中特别是高考时却很难使用这些工具，如何让学生"手中无圆而心中有圆"，今后教学需进一步引导；二是在解题规范方面，本节课在某些细节方面处理得不够到位。这些看似简单但又极其重要的细节道出了我教学上的不足，亦是我今后需改进之处。我想：一次成功的教学不是取决于课前的研究与准备，而是课堂上的重新生成、不断组织并使人性不断发展、提升的过程。

思考2：

从课堂调查问卷来看，参与调查的学生都实话实说，认真填写，使得本次调查数据真实可信。从统计数据结果看，利用生活体验解决物理问题的课堂教学得到全部学生的认可，绝大部分学生还期待着下一次继续利用生活体验开展物理课堂教学，但对于平常能否应用生活化体验来解决物理实际的问题，超过一半学生还不能做到。所以就如何利用生活资源，加强课程内容与学生生活体验的联系，使学生通过所学知识分析和解决一些简单实际的问题，还有待补充和完善。

新课程理念要求"从生活走向物理，从物理走向社会"，在接下来的课堂教学实践中，我会将本次的公开课作为我今后教学研究的起点，继续大胆实施教学改革和创新，引导学生主动参与、勤于动手、乐于体验，使知识有活力，生活有价值，也为学生的终身发展和应对现代社会发展的挑战奠定基础。

"产生感应电流的条件"教学设计

【设计思想】

学生已学习了电磁感应现象,知道由磁生电的现象叫作电磁感应现象,其中出现的电流叫作感应电流。本课通过实验与探究,让学生总结归纳出产生感应电流的条件。

【教学目标】

结合教材,本着使学生全面发展的原则,本课的教学目标定位如下。

1. 知识与技能

(1)知道产生感应电流的条件。

(2)通过实验进行比较和思考,概括出产生感应电流的条件。

(3)理解"不论用什么方法,只要穿过闭合回路的磁通量发生变化,闭合电路中就有感应电流产生"。

2. 过程与方法

(1)通过三个实验的探究,进一步理解电和磁之间的相互联系。

(2)通过三个实验的探究,进一步理解控制变量的实验方法。

(3)通过体验实验探究过程,进一步强化实验观察、分析、归纳及总结的方法。

3. 情感、态度与价值观

(1)通过经历电磁感应再发现的过程,体会并学习科学家们研究科学的态度,在学习中树立持之以恒的信心。

(2)通过体验探究过程,领略物理规律形成的一条重要途径,即设想—实验—规律,形成科学的思维方式和思维习惯。

【教学重点】

对产生感应电流条件的归纳总结。

【教学难点】

学生对实验现象的分析总结——磁通量的变化。

【教学手段】

本课以探究式教学模式为主，结合问题法、演示法、启发法、归纳法、多媒体辅助法等教学方法。

【教学用具】

电池组、电键、导线、矩形线圈、U形磁铁、条形磁铁、大小螺线管各一个、灵敏电流计、滑动变阻器、多媒体课件。

【教学过程】

1. 引出磁生电的历史

师：电能生磁，磁能生电吗？确信吗？

师：是的，现在磁生电已经广泛地应用于我们的生活中，我们可以毫不迟疑地说：磁能生电。但在100多年前，奥斯特刚发现电能生磁，在没有任何磁生电的实例下，几乎所有的科学家都确信磁能生电。为什么科学家会有如此直觉呢？因为科学家们坚信物理有对称美。有着如此明确的目标，按理说应该很快能找到磁生电的实例，但最早发现磁生电实例的法拉第也用了11年的时间。这又是为什么呢？

师：因为电生磁没有条件，磁生电却是有条件的。

2. 明确研究对象

师：首先我们来看看磁生电中的电指的是什么。

生：电流。

师：电流要形成首先要满足的条件是闭合回路。那么，是否闭合回路放在磁铁旁边就能生电呢？

生：不会。

3. 利用典型情境，提出猜想

师：我们能不能具体举一个磁生电的实例？回忆初中的切割实验。

实验一：观察实验并记录结果，思考：产生电流的条件是什么？

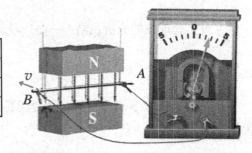

实验操作	有无电流
水平运动	
上下运动	
斜向运动	

图3-2-1　磁生电实验1

师：我们由此得出的结论是：只有闭合回路的部分导体在切割磁感线，闭合回路中才会产生感应电流。那这个因果关系找对了吗？会不会有问题？

我们现在来找找这个导体棒在切割的同时，有没有伴随着其他的事情发生，是不是这件事情才是导致产生感应电流的条件？

点评：由于受切割影响太深，学生眼中只看到切割。从这幅图中看到什么现象？棒在运动。同时伴随着什么？闭合回路面积变化。

提示1：要关注对象。既然是磁生电，肯定与闭合回路及磁有关。在说的时候要同时关注这两个对象。

提示2：演示在没有磁的情况下，面积改变有感应电流吗？

提示3：进行类比，将磁比作雨，当线框的面积变化时，伴随着什么？

生：闭合回路中磁通量发生改变。

师：在刚才那个实验中到底是部分导体运动、部分导体切割、有磁通过的闭合回路的面积变化了，还是因为磁通量发生改变才导致的？

4. 设计实验：PK各种猜想

师：在刚才的典型实验中，各种猜想都能成功解释感应电流的产生，要想找到真正的条件，需要设计一个实验，这个实验要有磁通量变化，然后，我们看看感应电流有没有产生。

实验二：观察实验，思考：产生电流的条件是什么？

实验操作	有无电流
S极插入螺线管	
S极拔出螺线管	
N极插入螺线管	
N极拔出螺线管	
条形磁铁静止	

图3-2-2 磁生电实验2

师：线圈不动，磁铁运动，有相对运动切割，更有磁通量的变化，有感应电流产生，说明什么？

生：说明磁通量变化是产生感应电流的条件。

实验三：观察实验，思考：产生电流的条件是什么？

实验操作	有无电流
电键断开时	
电键闭合时	
滑片左移	
滑片右移	
螺线管插入	
螺线管拔出	
二者都不动	

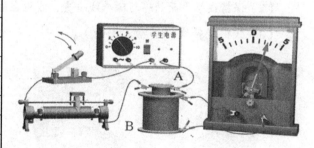

图3-2-3 磁生电实验3

师：刚才没有切割，只有磁通量变化，也有感应电流产生，说明什么？

生：说明磁通量变化是产生感应电流的条件。

师：我们凭这么一个实验是否就可以将切割生电这个结论排除？

在科学面前，任何一个结论与规律都容不得有一个反例的存在。如果存在，这个结论就是不完善的，它必须被修正，或被更优的结论与规律取代。

师：在刚才这个实验中，磁通量变化能成功解释感应电流的产生，那能不能说磁通量的变化就是产生感应电流的条件呢？

一个反例的存在，能充分说明一个结论的问题，但一个例子符合并不能充分说明这个结论正确。要想证明这个结论正确，必须经受所有实验的考验。

师：也就是说，原来所有切割能解释的实验，磁通量变化也必须能解释。不仅如此，根据磁通量变化，我们可以设计一些原来没接触过的实验，实验结果与预测要吻合。只有经过这些考验，这个结论才能被大家接受，直到有例外发现，它才会被修正或被更新的结论取代。

5. 对结论的检验

（1）初中典型实验：条形磁铁插拔线圈。学生用磁通量变化成功解释。

（2）学生设计不同实验：磁变、面积变、线圈与磁场的角度变。教师利用励磁线圈演示。

（3）学生利用双螺线管、滑动变阻器预测并用实验验证。

（4）习题：

1. 如图3-2-4所示的匀强磁场中有一个矩形闭合导线框。在下列几种情况下，线框中是否产生感应电流？

（1）保持线框平面始终与磁感线垂直，线框在磁场中上下运动（图甲）。

（2）保持线框平面始终与磁感线垂直，线框在磁场中左右运动（图乙）。

（3）线框绕轴线AB转动（图丙）。

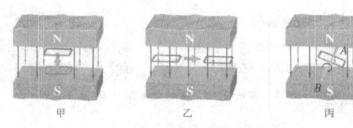

图3-2-4　矩形闭合导线框在磁场的运动

2. 如图3-2-5所示，磁场中有一个闭合的弹簧线圈。先把线圈撑开（图甲），然后放手，让线圈收缩（图乙）。线圈收缩时，其中是否有感应电流？为什么？

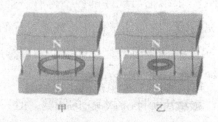

图3-2-5　闭合弹簧线圈在磁场的运动

3.如图3-2-6所示,矩形线圈*ABCD*位于通电长直导线附近,线圈与导线在同一个平面内,线圈的两个边与导线平行。(注意:长直导线中电流越大,它产生的磁场越强;离长直导线越远,它的磁场越弱。)

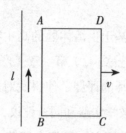

图3-2-6 矩形线圈在磁场的运动

(1)在这个平面内,线圈远离导线移动时,线圈中有没有感应电流?

(2)线圈和导线都不动,当导线中的电流*I*逐渐增大或减小时,线圈中有没有感应电流?为什么?

学生判断,教师用实验验证。

6.归纳总结(板书)

只要穿过闭合导体回路的磁通量发生变化,就有感应电流。

感应电流产生的条件是:

(1)导体回路要闭合。

(2)穿过导体回路的磁通量发生变化。

7.对切割的修正

当某一结论有一个反例存在时,就需要对它进行修正,或者用新的理论替代。刚才我们用的是替代,那么能否对切割进行修正,成为特定情况下的结论呢?请辨别下列说法的正误:

(1)闭合回路的部分导体切割,一定会产生感应电流。

生:切割会使面积改变,如果同时伴随着磁场改变,若一个变小,一个变大,最终磁通量不变,不会有感应电流。

(2)若磁场不变,闭合回路的部分导体切割,一定会产生感应电流。

生:错误。

(3)整个闭合回路切割磁感线一定没有感应电流。

生:错误。

可见，在判断有无感应电流时，看切割与否是不可靠的，我们只能看磁通量有无变化。

【教学反思】

本人参与研究了课题"基于生活体验的高中物理有效教学实践研究"，为此本人展示了高中物理（选修3–2）第一章《产生感应电流的条件》的公开课。从新课的准备到听课教师的评课，使得我对这节课有了更多的思考。下面结合本节课的课前研磨、教学实践和同行评议，进行分析研究。

（1）在判别上：若磁场不变，仅闭合回路的部分导体切割，一定会产生感应电流。采用习题1的实验，如果从首尾相连的等效导体棒来看的话，其实并未在切割。那么它属不属于初中的切割情况呢？我认为，对于初学者来说，用等效思想为时过早，学生的理解是确有部分导体切割，没有必要把这个切割修正为等效导体棒的无切割。在学习感应电流生磁之后学生对这个的理解自然会到位。

（2）在推翻上：只要闭合回路中部分导体切割磁感线，闭合回路中就有感应电流，也可利用线圈放在励磁线圈中不动，通过改变励磁线圈中的电流从而改变线圈中的磁场强弱，进而使线圈产生感应电流，说明不一定要切割才有感应电流。这个实验能说明切割并不全面，需要补充情况。这种方式，对于学生来说思维难度很低。虽然难度过低，对学生来说很容易，但对提高思维层次来说几乎没有作用。所以如何在已有的实验现象中，根据初步猜想得出的结论，设计出新的实验，是学生最需要学习的方法。在此基础上证明结论或有新的发现，通过修正完善原有结论或重新猜想设计实验，趋向正确的结论，使得学生在这个过程中充分经历并学会如何猜想，如何验证，如何得到结论。

（3）最后学生通过所学的结论，能够准确地分类，并设计出实验进行验证，进一步巩固了在课堂中所学的方法，也落实了知识的理解。

"互感与自感"教学设计

【设计思想】

互感与自感是电磁感应的相关概念,对巩固楞次定律有一定的帮助。它是人教版普通高中物理选修3-2第四章第六节的内容,在高考中不是重点考查的内容。如果考了,也一定是联系生活,结合生活去考查。本人从生活中的常见现象出发,引发学生的学习兴趣,让学生自行理解相关概念,在学生的分析与梳理下,把相关知识体现出来。

【教学目标】

结合教材,本着使学生全面发展的原则,本课的教学目标定位如下。

1. 知识与技能

(1)知道什么叫互感现象,了解互感的应用与防止方法。

(2)知道什么叫自感现象,理解它产生的机理和起到的作用。

(3)能够判断自感电动势的方向,并会用它解释一些现象。

(4)知道自感电动势大小的决定因素,知道自感系数的决定因素。

(5)了解自感现象的利与弊及应用与防止方法。

2. 过程与方法

(1)通过对两个自感实验的观察、设计与分析,培养学生的观察能力、实验能力和探究能力。

(2)学生通过亲身感受断电自感的强大电压,加深对知识的理解。

3. 情感、态度与价值观

(1)通过师生之间、生生之间的互动过程,激发学生的探究热情,营造科研氛围。

133

（2）通过了解自感的应用与防止，体会物理知识与技术的融合之美。

【教学重点】

对自感现象的正确解释。

【教学难点】

自感电动势的作用。

【教学手段】

演示、实验与理论探究，师生、生生互动。

【教学用具】

1. 实验演示

镇流器。

2. 学生设计实验

线圈、导线、小灯泡、电源、开关、滑动变阻器等。

3. 观察物件

变压器。

【教学流程图】

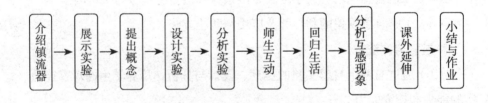

介绍镇流器 → 展示实验 → 提出概念 → 设计实验 → 分析实验 → 师生互动 → 回归生活 → 分析互感现象 → 课外延伸 → 小结与作业

【教学过程】

表3-2-3 "互感与自感"教学过程

教学环节	师生活动	设计意图
（一） 情境引入	展示镇流器，并说明其内部主体是线圈；通过线路的短暂接触，让学生看见电火花，引起他们的兴趣，从而展开主题：自感现象。 **镇流器** 线圈中的电流发生变化，它产生的变化磁场使它自身激发出感应电动势的现象叫自感现象；产生的感应电动势叫自感电动势	集中学生的注意力，激发学生的学习兴趣
（二） 体验探究	师：请同学们自行设计实验，让自感电动势影响灯泡的亮与灭。设计好的同学先阐述你的目的、原理和大致的步骤，然后演示给其他同学看。 教师组织学生讨论、交流。 学生可能的设计：①通过闭合，让线圈产生自感电动势，影响灯泡；②通过断开，让线圈产生自感电动势，影响灯泡；③通过滑动变阻器，让线圈产生自感电动势，影响灯泡。 师：从刚才大家的分析中可知，只有电流改变，才能让线圈产生自感电动势，而且自感电动势总是阻碍电流的变化，这和楞次定律不谋而合。也就是说，我们以后可以用楞次定律去理解自感。课文中有自感满足法拉第定律的一些描述和公式，请自学理解。 师：自感现象在生活中非常常见，有些是有益的，有些是有害的。下面我们亲自体会一下断电时自感电动势的存在。 师生配合完成实验：四节电池串联组成电池组；取一个400匝的线圈，将两段导线的一端分别连接在线圈的两端，另一端分别连接两个表笔，学生双手紧握表笔，表笔	在探究中发现问题、解决问题，提升学生的创新能力、理解能力

生活物理　体验穷理——生活体验活动及其在中学物理教学中的应用

教学环节	师生活动	设计意图
（二） 体验探究	的金属杆分别接触电池组的两极，在将表笔从电池组的两极拿开时体验断电自感电动势的电击感。 师：刚才大家体验到的断电自感电动势在生产中有时是有害的，请自学课文	通过体会生活，在体验中更好地理解概念
（三） 自主建构 合作讨论	互感现象 先让学生自学教材上的实验内容。 教师演示： （1）开关S断开时，将在线圈B中产生互感电动势，闭合电路中形成电流，电磁铁仍然有磁性吸住衔铁D，随电流的逐渐减小，磁性逐渐变弱直至电磁铁磁性消失，弹簧K才会将衔铁D拉起而使触头C离开。 互感现象演示图 （2）如果线圈B不闭合，在开关S断开时，线圈B中不会产生电流，电磁铁的磁性很快消失，也就没有了延时效果。 让学生描述自己看到的实验现象，并组织学生讨论、交流，最后达成一致意见：电流一定能产生磁场，磁场在变化的时候也可以产生电流。 师：请想一想，变压器有多少个线圈，有什么用？变压器的钢片有什么用处？变压器的钢片为什么不是一块钢，而是很多块组合在一起？ 组织学生观察变压器，讨论交流，最后达成一致意见：变压器的主线圈用来产生电流，进而产生磁场，而副线圈实现互感；钢片的作用是增强电流产生的磁场，进而让磁场顺利地传到另一个线圈，从而让互感更容易实现，而如果钢片是一整块，很容易在其内部产生电流，浪费电能	在自学中发现问题，在教师的讲解分析中、同学间的交流中，把概念理解清楚
（四） 拓展延伸 自我发展	师：这一节内容在高考中不是很热门，我们不再加强训练，有兴趣的同学请自行上网增加相应的知识。如果高考出相关的题目，一定会联系生活，考查你们的生活经验和理解能力	让学生趁热打铁，巩固知识

续 表

教学环节	师生活动	设计意图
（五） 课堂小结 巩固提升	（1）什么叫互感与自感？ （2）自感现象满足楞次定律和法拉第定律	让学生在反思中 成长

板书设计：

自感与互感

1. 自感现象

线圈中电流发生变化，它产生的变化磁场使它自身激发出感应电动势的现象叫自感现象，产生的感应电动势叫自感电动势。

2. 互感现象

互感现象是指两个相邻线圈中，一个线圈的电流随时间变化时导致穿过另一线圈的磁通量发生变化，而在该线圈中出现感应电动势的现象。

【教学反思】

通过镇流器的"闪亮登场"，吸引学生注意力，使其对接下来的内容感兴趣。在对镇流器电火花的解释中，更是让他们知道线圈的厉害，从而使他们在设计实验时更认真。

设计实验是高考的主要能力，如今在兴趣的帮助下学生的兴致很高，不少学生都能主动有效地设计出能帮他们理解自感的电路。在展示的过程中，他们提升了自信心，也有了初步的成就感，这对未来的学习很重要。

线圈的"触电"实验让课堂进入了高潮，让学生在日后的生活中更加注意安全，更加注重经验的积累和知识的巩固。

在互感方面的学习中，不仅引领学生进行初步的认识和理解，而且利用变压器，使学生在观察中提高了对互感的认识，也为日后更好地掌握变压器打下了基础。

第四章

热学、光学课堂体验活动案例及教学设计

　　本节包括10个物理新课程选修3-3热学、选修3-4和选修3-5光学部分的典型生活体验活动案例和3个教学设计。每个生活体验活动都以物理新课程为依据，将生活体验活动融入物理教学中，有助于激发学生学习物理的兴趣，使学生积极主动地投入到物理学习中，可以提高学生的学习效率，同时使学科内容在学生的经验体系中重新整合，有利于学生解决具体的生活问题。

第一节 热学、光学课堂体验活动案例

"分子的热运动"课堂体验活动案例

表4-1-1 "分子的热运动"课堂体验活动案例

名称	生活中分子的热运动实例	类别	概念教学
目标	直观、形象地展示分子热运动在生活中的实例，激发学生的兴趣与求知欲望		
章、节	选修3-3 第一章 第三节 分子的热运动		
材料	水、墨水、玻璃杯、酸醋		
过程	师：请同学们思考以下几个问题。 1. 生活中的雾霾现象对人体的危害是怎么造成的？ 2. 我们能闻到醋的味道、花的香味，是什么原因？ 3. 堆放煤炭的地方为什么会发黑？ 师：可能是分子在运动	 生活中的雾霾现象 酸醋的扩散	
说明	可以在上课的教室里放一瓶醋		

"分子间的作用力"课堂体验活动案例

表4-1-2 "分子间的作用力"课堂体验活动案例

名称	体验水分子的力量	类别	新课引入教学
目标	通过观察弹簧测力计示数的前后变化,发现物体的分子间存在引力		
章、节	选修3-3 第一章 第四节 分子间的作用力		
材料	弹簧测力计、玻璃板、细绳、透明水槽		
过程	1. 先将透明水槽水平放置,并盛适量的水。 2. 把洗净的玻璃板吊在弹簧测力计上,使玻璃板水平地接触水面。 3. 向上拉弹簧测力计,观察玻璃板离开水面的瞬间,弹簧测力计示数的变化。在玻璃板离开水面的瞬间,弹簧测力计示数突然变大	 玻璃板和水的作用力	
说明	在玻璃板和水的接触面上,水分子和玻璃分子之间存在着引力,必须克服分子间的引力才能使玻璃板离开水面,所以弹簧测力计示数突然变大		

"液体的表面张力（1）"课堂体验活动案例

表4–1–3 "液体的表面张力（1）"课堂体验活动案例

名称	生活中的表面张力现象	类别	新课引入教学
目标	让学生通过自主探究体验液体表面张力超能的"力量"		
章、节	选修3–3 第二章 第五节 液体的表面张力		
材料	回形针、玻璃碗、水		
过程	师：请同学们观看图片并思考为什么叶面上的露珠总是球形的。 学生观察并思考。 师：下面通过实验来探究液体表面张力的存在和方向。 每张课桌上有一枚回形针和装有水的玻璃碗，请大家尝试将回形针漂浮在水面上。 学生开始分组实验	 叶面上的露珠 回形针在液面漂浮实验	
说明	为使实验效果更加明显，可换成体积更大的回形针		

"液体的表面张力（2）"课堂体验活动案例

表4-1-4 "液体的表面张力（2）"课堂体验活动案例

名称	水上拔河比赛	类别	规律教学
目标	演示不同物质的表面张力，水的表面张力大于酒精的表面张力		
章、节	选修3-3　第二章　第五节　液体的表面张力		
材料	塑料脸盆、硬卡纸纸条、棉球、酒精、水		
过程	1. 在脸盆里倒入适量的水，并把纸条放在脸盆里使其在水面漂浮。 2. 用棉球吸附适量的酒精，在纸条的左端离水面2 cm的地方，用手指轻挤棉球，使几滴酒精轻落到水中，观察纸条的运动。 3. 在纸条的右端重复上一步的操作。 实验现象：当酒精在纸条的左端滴落时，纸条就向右端运动，好像被水拉向右边；当酒精在纸条的右端滴落时，纸条就向左端运动，好像被水拉向左边	 水上"拔河比赛"	
说明	因为水的表面张力远大于酒精的表面张力，所以水和酒精进行的"水上拔河比赛"总是水取胜		

"气体状态参量"课堂体验活动案例

表4-1-5 "气体状态参量"课堂体验活动案例

名称	模拟气体压强产生的机理	类别	规律教学
目标	用小钢球做气体分子的模型，演示气体压强产生的机理		
章、节	选修3-3 第二章 第六节 气体状态参量		
材料	台秤、多个小钢球		
过程	1. 把装有小钢球的杯子拿到台秤上方约10 cm的位置，把一粒钢球放在秤盘上，观察秤的指针的摆动情况。 2. 再从相同高度把100粒或者更多的钢球连续倒在秤盘上，观察指针的摆动情况。 3. 使这些钢球从更高的位置落在秤盘上，观察指针的摆动情况	 模拟气体压强产生的机理	
说明	保证小钢球能连续、均匀地倒在秤盘上。 1. 一粒钢球放在秤盘上，台秤有一个较小的示数。 2. 在一定高度上将大量小钢球连续倒在秤盘上，台秤有一个持续的较大的示数；在更高的高度上将大量小钢球连续倒在秤盘上，台秤有一个持续的更大的示数		

"简谐运动的描述"课堂体验活动案例

表4-1-6 "简谐运动的描述"课堂体验活动案例

名称	用沙摆绘制振动的图像	类别	规律教学
目标	通过简谐运动的图像描绘过程与方法，化抽象为实际体会		
章、节	选修3-4　第十一章　第二节　简谐运动的描述		
材料	漏斗、细绳、细沙、长纸条或薄板、铁架台		
过程	1. 做一个盛沙的锥摆，用细绳将其系在铁架台上，在长纸条上画一条中心线。 2. 让沙摆在垂直于中心线的方向自由摆动。 3. 装满细沙后，从漏斗中漏下的细沙在纸条上形成一条垂直于中心线的直线。 4. 沿中心线匀速拉动纸条，从漏斗中漏下的细沙在纸条上形成一条漏斗的位移随时间变化的曲线	 **绘制振动的图像**	
说明	漏斗偏离平衡位置的位移随时间按正弦或余弦规律变化，提醒学生观察未拉动纸条时的运动情况，匀速拉动时做好记录		

"探究单摆的振动周期"课堂体验活动案例

表4-1-7　"探究单摆的振动周期"课堂体验活动案例

名称	模拟不同地点 测单摆的振动周期	类别	规律教学
目标	借助条形磁铁对铁球的作用力，从而通过比较得出单摆的振动周期与重力加速度的关系，把探究成果内化为自己的知识结构		
章、节	选修3-4　第一章　第四节　探究单摆的振动周期		
材料	铁架台、小铁球、细线、小木棒、条形磁铁、秒表		
过程	1. 铁架台的附近竖立一根小木棒，绳子的上端固定在铁架台上，下端系一个小球，把小球拉到木棒处，然后释放小球，记下完成30次全振动所需的时间。 2. 在平衡位置的正下方放一根条形磁铁，把小球拉到木棒处，然后释放小球，记下完成30次全振动所需的时间。 3. 在平衡位置的正上方放一根条形磁铁，把小球拉到木棒处，然后释放小球，记下完成30次全振动所需的时间	 研究单摆的振动周期	
说明	提醒学生为了减少时间误差，必须记录下完成30次全振动所需的时间，最后再求周期		

"光的全反射现象"课堂体验活动案例

表4-1-8 "光的全反射现象"课堂体验活动案例

名称	观察光线的折射和全反射	类别	概念教学
目标	通过简单的实验器材，直观、形象地展示光的折射和全反射		
章、节	选修3-4 第四章 第三节 光的全反射现象		
材料	半圆形玻璃砖、激光笔		
过程	1. 让光线沿半圆形玻璃砖的半径射到直边上，观察折射光线与反射光线。 2. 逐渐增大入射角，观察折射光线逐渐减弱，反射光线逐渐增强。 3. 入射角增大到某一角度，折射光线完全消失，只剩下反射光线，记下此时的入射角。这种现象叫作全反射	 光的全反射现象	
说明	光从光密介质射入光疏介质，入射角增大到某一角度时，折射光线完全消失，只剩下反射光线，这种现象叫作光的全反射		

"光的双缝干涉现象"课堂体验活动案例

表4-1-9 "光的双缝干涉现象"课堂体验活动案例

名称	光的双缝干涉	类别	规律教学
目标	通过简单操作，探究双缝干涉产生的条件与规律		
章、节	选修3-4 第四章 第四节 光的干涉		
材料	单色激光笔、双缝（小圆孔）		
过程	1. 激光笔发出红色光，照射在双缝上，双缝平面平行于墙壁，观察墙壁上出现的明暗相间的条纹。 2. 改变双缝宽度，观察分析明暗相间条纹与什么有关。 3. 激光笔发出红色光，照射在小圆孔上，平面平行于墙壁，观察墙壁上出现的明暗相间的圆环。改变小圆孔大小，观察圆环	 光的双缝干涉现象	
说明	激光笔用单色比较好，暗室里进行更容易观察，双缝（小圆孔）的宽度应尽可能小。如果用白光则形成彩色条纹		

"光的薄膜干涉现象"课堂体验活动案例

表4-1-10 "光的薄膜干涉现象"课堂体验活动案例

名称	光的薄膜干涉	类别	概念教学
目标	直观、形象地展示薄膜干涉，了解生活中的光的干涉现象，激发学生的兴趣与求知欲		
章、节	选修3-4　第四章　第四节　光的干涉		
材料	泡泡水、油脂、水		
过程	请学生用泡泡水吹泡泡，并提醒学生观察和思考： 1. 肥皂泡的彩色条纹是如何形成的？ 2. 地面水上油膜的彩色纹路又是如何形成的？ 生：可能是光的折射形成的。 师：由薄膜上下表面反射（或折射）光束相遇而产生的干涉。薄膜通常由厚度很小的透明介质形成	 **学生吹出的泡泡** **地面水上油膜**	
说明	以上体验活动最好在室外进行，且有阳光时更佳		

第二节　热学、光学课堂体验活动教学设计

"气体实验定律（Ⅰ）"教学设计

【设计思想】

气体实验定律在高考中占据着选考3-3中大题的地位，因而第一个实验定律的学习显得尤为重要。考虑到玻意耳定律内容较为抽象和实验器材有限，以生活实验——吹气球引入课题，并借助玻意耳定律演示仪，带领学生体验科学探究的过程。在得出结论后，再次回归生活，解决一开始提出的生活实验问题，达到"物理来源于生活，并最终服务于生活"的目的。

【教学目标】

1. 知识与技能

（1）了解玻意耳定律在生活中的有关应用。

（2）掌握玻意耳定律的内容及其图像、物理意义。

2. 过程与方法

（1）通过实验验证玻意耳定律，使学生体验科学探究的过程。

（2）通过设计实验表格、数据和图像分析，使学生掌握研究物理问题的基本方法。

3. 情感、态度与价值观

（1）提供示范，培训学生的实验技能和良好的实验作风。

（2）进行观察与思维训练，激发学生学习兴趣，培养学生研究问题的科

学精神。

【教学重点】

通过实验探究玻意耳定律。

【教学难点】

验证P与V之间的定量关系。

【教学手段】

本节课在教法上坚持"教师为主导，学生为主体"的原则，通过教师创设问题情境和有效的引导，使学生体验科学探究的过程，采用"情境—问题—探究—结论"的学生探究教学模式。

【教学用具】

气球、塑料瓶、带刻度的20 mL注射器、气压计、橡胶塞、铁架台及铁夹、多媒体设备、PPT课件。

【教学流程图】

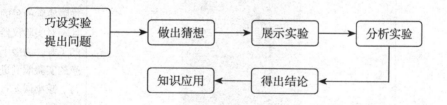

【教学过程】

表4–2–1 "气体实验定律（Ⅰ）"教学过程

教学环节	师生活动	设计意图
（一）情境引入	演示：气球吹不大。 教师先将准备好的教具放在讲台上，并拿出气球。 师：物理来源于生活，并最终服务于生活。在生活中有许多司空见惯的现象，只要我们细心观察，就能发现许多有	以生活化的例子引入，说明物理来源于生活，而生活中也处处可

生活物理 体验穷理
——生活体验活动及其在中学物理教学中的应用

教学环节	师生活动	设计意图
（一） 情境引入	趣的秘密，比如吹气球。 师：现在请一名同学上台来吹下气球。 学生很容易就吹大了气球。 师：现在我们将气球反扣在瓶口上，再请该同学吹下气球。 学生用了很大力气，气球只吹起来一点。 为再次验证，请一名肺活量大的学生上台演示，发现费了九牛二虎之力，气球依然只吹起来一点。 师：为什么放在瓶子中就较难吹大？请同学们联系所学的内容进行解释。 学生讨论后得出：当气球反扣在瓶子上时，由于体积减小，分子分布的密集程度增大，使得每秒撞击器壁的单位面积的分子数增多，因而气体压强增大。 师：现实生活中还存在着哪些现象也能说明此道理？ 生1：将气球往下压，越往下压，所施的力越大。 生2：钢笔吸水。 …… 师：同学们所举的例子很好。从刚才的例子，我们可以大胆猜想：体积与压强之间可能存在反比关系，而这就是我们这节课需要学习的知识——玻意耳定律	见物理。同时，通过该活动，激发学生求知的欲望和学习的兴趣，并使学生主动积极地参与其中。温故知新，学以致用，达到潜移默化复习的效果。引导学生重新关注生活
（二） 体验探究	师：接下来通过书中所提及的玻意耳定律演示仪（下图）进行操作验证。 **玻意耳定律演示仪** 进行验证之前，首先明确本次设计实验的目的是为了探究体积与压强是否存在反比关系，而为了实现这一目的，在设计实验的时候，需要关注以下几个问题： （1）实验所要关注的研究对象。	加强实验的目的性和对实验仪器的了解，为接下来的实验顺利进行、减小误差打下基础。

教学环节	师生活动	设计意图
（二）体验探究	（2）如何测量 P 和 V？ （3）如何改变 P 和 V？ 学生经过观察和思考，一致认为研究对象是注射器内的气体，通过气压计测量气体的压强 P，通过玻璃管侧的刻度尺读出气体的长度代替气体的体积 V，因为横截面积不变。而通过移动活塞改变 V，进而改变 P。 师：除了这些，为保证其余变量影响较小，还需要控制气体不能漏气，并且温度保持不变。那应如何保证？ 生：可采用气密性好的注射器，并且在移动活塞时，应缓慢移动。 对实验的目的、操作、流程较为了解后，请三位学生进行操作：学生甲负责操作仪器，学生乙负责记录数据，学生丙负责将数据输入Excel表格中，并生成相关的图像。 师：请学生甲在投影仪下操作，其余学生观看记录演练。 同时为了记录数据，需要设计表格，这任务交给学生乙，并让其与其他学生进行讨论：应如何进行设计。最终学生乙通过与其他人的合作，给出了如下图所示的表格： | 序号	气体的长度 l	气体的压强 P
1		
2		
…		| **实验表格** 师：请学生甲负责进行操作、读数，学生乙及时记录数据。其余学生参与记录、监督数据，并处理数据。然后学生丙将数据输入Excel表格中，生成 P–V 图（成一曲线）。 师：根据这个曲线，是否可以说明 P 与 V 成反比？ 生：也有可能是双曲线，或是一般曲线。 师：如何才能证明 P 与 V 成反比？以往的实验中是否遇到过该问题？ 学生经过回忆搜寻，确定在验证牛顿第二定律中的 a 与 m 的关系时，使用 a–$1/m$，化曲线为直线，从而证明 a 与 m 成反比。因此同样地，可以采用 P–$1/l$ 图像验证 P 与 V 成反比。 师：同学们回答得很到位，请学生丙在原有数据基础上生成 P–$1/l$ 图像。	使学生积极参与科学探究，培养学生的科学态度和科学精神，使学生掌握科学方法。以学生为主体，使学生积极参与其中。 通过对实验数据的记录、处理，得出 P 与 V 之间的定量关系，从而突破教学难点。 温故知新，学以致用。 当出现近似反比时，不应直接忽视或牵强，而应正视问题，启发思考，培养学生严格的学习态度和良好的科学精神

教学环节	师生活动	设计意图
（二） 体验探究	由此可知 P 与 V 近似成反比，那是否真成反比，还是只是近似成反比？ 从误差角度分析，可发现注射器底部的小部分气体体积没有计算，而且在读数中存在偶然误差。 师：应如何避免该误差或使底部气体的体积影响较小？ 生：注射器体积要较大，且注射器的底部尽可能小。 师：因时间关系和现有实验器材有限，同学们可以课后进行实验验证自己的猜想。理论是实践的指导，是否可从理论方面证明是否过原点，请同学们好好讨论。 学生通过讨论得出：当气体的体积为无穷大时，气体的压强几乎为0，由此证明 P 与 $1/l$ 为正比关系，即 P 与 V 成反比。 师：当然也有部分学生采用了 Pl 乘积进行运算，得到答案相近，这种做法也是可行的。但该方法也存在一定的缺点，哪位同学可以说说看？ 生：该方式的优点在于能够充分利用数据，得出的结果也较为直观，但该方式的不尽如人意之处在于无法发现数据的坏点	
（三） 自主建构 合作讨论	师：由此可得出结论：一定质量的气体，在温度保持不变时，它的压强和体积成反比。请大家翻开书本，这就是我们今天要学的气体实验定律Ⅰ——玻意耳定律。这个结论是英国的科学家玻意耳和法国的科学家马略特各自通过实验发现的，所以也叫玻意耳–马略特定律。 师：其数学表达式可写为 $PV=C$ 或 $P_1V_1=P_2V_2$，式中的恒量与气体的质量、种类和温度有关。 师：通过刚才的探究过程，一定质量的气体，其压强与体积成反比，如果以横轴代表 V，以纵轴代表 P 建立直角坐标系，请同学们讨论一下图线该是什么形状。 生作出如下图所示的 P–V 图像。 图线表述为等温线。该图线表征气体压强随体积的变化关系，其中的 A 点反映某一状态。 师：根据刚才的分析，思考下课本中的"讨论与交流"，判断图中的哪条等温线温度高？根据什么理由判断出来的？ 生：根据压强与体积成反比，在等体积情况下，压强越大，温度越高。 师：有时为了能更加形象、直观地表达 P 与 V 的关系，也作 P–$1/V$ 图像。那应是什么图线？	理解玻意耳定律的内容、表达式及其图像

教学环节	师生活动	设计意图
（三） 自主建构 合作讨论	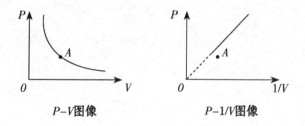 生：一条过坐标原点的直线。 师：请根据刚才学的P-V图像，说明该P-$1/V$图像的特点。 生：图像过原点，并且该直线即是等温线，斜率越大，温度越高；斜率越小，温度越低	
（四） 拓展延伸 自我发展	师：请同学们依次画出P-T、V-T、$1/P$-V图像作为课后作业。 回归最开始的吹气球活动，我们对这个活动就更加清楚了，若现在请你将反扣在瓶子的气球吹大，应如何操作？	回归实验，前后呼应，激发创新思维，最终服务于生活

板书设计：

玻意耳定律

1. 内容：一定质量的气体，在温度不变的情况下，压强和体积成反比
2. 表达式：$PV=C$（恒量） $P_1V_1=P_2V_2$
3. 图像：

（P-V图像：纵轴P，横轴V，反比例曲线，点A；P-1/V图像：纵轴P，横轴1/V，过原点直线，点A）

P-V图像   P-1/V图像

【教学反思】

物理长期在农村学校不受学生欢迎，除了本身难度较大外，更为主观的因素在于我们是否愿意放弃传统模式、放弃"满堂灌"的安逸和操碎了一颗心的题海模式，而积极投身于改革和学习之中，不断完善自我，向课堂要

质量。"世界上不缺少美，而是缺少发现美的眼睛"，或许我们一直困惑不前，只是因为我们在原点过于安逸而放大了眼前的困难。而这一节课，使我深感其中的道理。

一个生活实验使学生的上课热情为之高涨，也使学生了解到物理并不是"高台楼阁"，而是贴近于生活，只是我们一直没有踏出这一步。在接下来的演示实验中，我一改教师为主，学生为辅的教学理念，让学生以主人翁的姿态参与其中，虽只是演示，学生却是热情饱满地投身其中，不仅收获了结论，也在实验中体验到科学探究的过程，培养了良好的科学精神和科学态度，而这便是我们一直提倡的物理核心素养。

不足之处也在于没有给予学生充分的设计实验方案的过程，并且器材有限，使得学生参与度略显不足。

"探究单摆的振动周期"教学设计

【教材分析】

本节教学应该在物理实验室开展随堂物理实验教学，建议使用1课时。在开展物理实验探究之前，让学生知道单摆是实际摆的理想模型，在摆角很小（严格要求$\theta < 5°$，但通常取$\theta < 10°$）时，单摆做简谐运动。单摆做简谐运动具有固有周期，它的大小可能取决于组成单摆的系统，如细绳的长度、小球的质量和体积、小球的摆角或者单摆所处的地点等。为了探索它们之间的关系，要求学生经历科学探究的全过程。教师可以告诉学生惠更斯于1659年发现的单摆的振动周期与摆长、重力加速度的关系式，学生可以用实验的数据进行该公式的验证。

【学情分析】

学生已经学过弹簧做简谐振动时的固有周期，对做简谐振动的单摆固有周期的探究就水到渠成了。教师可以进行适当的指导以及安排学生分组实验，比如每个小组都完成每一个变量改变时单摆振动周期的测量，这需要较多的时间，可以建议学生做好预习；或者每个小组只完成一个变量改变时单摆振动周期的测量，采用合作学习的方法，最后将实验数据共享。

【物理学科素养】

1. 物理观念

（1）知道单摆是实际摆的理想模型，在摆角很小时，单摆做简谐运动。

（2）知道做简谐振动的单摆具有固有周期。

（3）掌握单摆的固有周期的决定因素，理解它们之间的关系，并会用公式表达。

2. 科学探究方法、科学思维

（1）猜想单摆的固有周期与哪些因素有关，进一步认识到有根据的、合理的猜想与假设是物理学的研究方法之一。

（2）经历探究决定单摆的固有周期的因素的过程，学会科学探究的方法，会根据假设设计实验步骤。

（3）通过"探究决定单摆振动周期的因素"的实验，学会采用控制变量法，学会科学分析与处理数据的方法，善于与同学开展评价、交流、合作、分享活动。

3. 科学态度与责任

培养学生对科学的兴趣和求知欲、探索未知世界的渴望，使学生在遇到问题时，知道采用科学方法解决问题，而不乱猜、瞎想、盲从、盲信。

【教学用具】

1. 实验演示

铁架台、小铁球、细线、小木棒、秒表。

2. 媒体资源

多媒体网络教室、自制PPT课件。

【教学过程】

表4-2-2 "探究单摆的振动周期"教学过程

教学环节	师生活动	设计意图
（一） 情境引入	预习导引 提问：什么是简谐运动？ 答：物体做机械振动，受到的回复力大小与位移大小成正比，方向与位移方向相反。 创设情境 前节课我们学习了弹簧振子，了解了简谐运动和振动周期。日常生活中，我们常常见到钟表店里摆钟摆锤的振动，这种振动有什么特点呢？它是根据什么原理制成的？ 钟摆类似于物理上的一种理想模型——单摆。我们就从分析单摆来解决以上问题	由复习提问引入，温故而知新

教学环节	师生活动	设计意图
	建构新知（约5分钟） 师：单摆做来回周期性的振动，单摆是否也受到回复力的作用？回复力又是由谁来提供的？ 生：重力沿垂直于绳子方向的分力。 师：回答得很好！ 单摆的受力分析如右图所示： $F_回 = mg \sin\theta$。 在偏角θ很小时：$\sin\theta \approx X/L$， $F_回 = mg \, X/L$。 单摆受力分析图 注意：X与$F_回$方向相反。 m、g、L都是常数，用k表示有$F_回 = -k \, X$。 师生合作，得出结论： 在偏角很小的情况下（$\theta < 5°$），单摆的回复力与偏离平衡位置的位移成正比，方向相反，单摆做简谐运动。 师：我们在学习弹簧振子做简谐运动时，还提到过弹簧振子的振动周期与振幅无关，那么单摆的周期和振幅有没有关系呢？决定单摆周期的因素又可能有哪些呢？	让学生明确单摆的振动就是简谐运动。
（二） 自主构建 合作探究	实验探究 分三个阶段对单摆做简谐运动的周期进行研究。 第一阶段：理论预测和实验设计阶段（约5分钟） 教师提出问题： （1）猜测单摆做简谐运动的周期可能与哪些因素有关？ （2）如何设计实验去证实你的猜测？ （3）在实验中应注意哪些问题？ 学生分小组讨论。 经验交流和总结 （1）猜测与单摆做简谐运动的周期有关的因素可能有三个：一是摆线，如摆长、摆线质量等；二是摆球，如摆球的体积、质量、形状等；三是运动状况，如振幅（或最大摆角）。 师：根据单摆的模型，可以排除摆线质量这一因素，且摆线足够长时，一般的小重物也可当作摆球，如本实验中使用的电池，这样就又可以排除摆球形状、摆球体积这两个因素。 这时，有学生提出：根据简谐运动的周期与振幅无关，可以直接排除单摆的振幅这一因素，将单摆做简谐运动的条	对学生进行分组：相邻的六人组成一个小组，小组成员要有明确的分工

教学环节	师生活动	设计意图
（二） 自主构建 合作探究	件代入弹簧振子做简谐运动的周期公式（学生从参考书上了解到的），可以直接推出单摆做简谐运动的周期公式。 教师进一步明确要求：本节课我们使用实验的方法来探讨影响单摆周期的因素，从理论上已经得出结论的同学，可以用实验来验证你的结论。 （2）设计的实验方案——用单摆进行多次对比实验，得出定性的结论。 摆动中，摆角不要超过5°，对比实验要用到控制变量法。 第二阶段：实验实施和探究阶段（约18分钟） 教师提出启发性问题：周期用什么办法测？摆长怎么测？摆角怎么控制？ 学生边思考边动手探索。 第三阶段：交流总结，得出成果阶段（约10分钟） 1. 实验结论 单摆在摆角小于5°的情况下做简谐运动，其周期与摆球的质量无关，也与振幅无关。 单摆做简谐运动的周期随摆长的增加而增大，但周期与摆长之间不是正比关系（有两组学生补充说明：周期的平方与摆长成正比）。 教师肯定学生的实验成果，并补充：科学家通过大量事实得出，单摆做简谐振动的周期公式为 $T=2\pi\sqrt{\dfrac{l}{g}}$，其中，$l$ 为单摆的摆长，g 为当地的重力加速度。 另外，对于刚才已经从理论上推导出正确结论的小组给予肯定。 2. 实验方法总结 （1）如何测量周期？各组提供的方法有： ① 用手表测量一个周期的时间； ② 用手表测量多个周期的总时间再求平均值； ③ 两组配合，同时从单摆运动的最高点释放摆球，对比周期的长短。 （2）如何测量摆长？各组提供的方法有： ① 用课桌边长进行测量； ② 用手做尺进行测量； ③ 用学生用尺进行测量； ④ 用对折法确定长度关系。 （3）如何控制摆角？各组都使用量角器来控制。（教师补充：在已知摆长时也可以通过估算振幅来控制。）	学生得出结论后，由学生发言，教师做最后总结

教学环节	师生活动	设计意图
（二） 自主构建 合作探究	（4）实验误差分析（学生分析，教师补充）。 ① 因为周期太小，用手表直接测量一个周期时误差较大。（教师补充：因为摆球的运动速率不同，所以计时起点的选择也会影响到测量的精度。） ② 测量长度误差较大或者只能进行定性对比。 （5）实验可能的改进措施。 学生归纳： （1）用累积法测周期，且应在摆球通过最低点时计时和计数。 （2）测量摆长时，使用更合适的仪器（如最小刻度为mm的米尺），并从悬点测到摆球中心。 （3）可以在多次测量后用计算结果说明问题，也可以根据所测数据用作图法寻找规律。 教师小结：这次实验中，我们尝试了物理学中最常见的研究方法，即观察、实验→理论预测、提出假设→实验验证→修改假设→实验验证→……→形成理论	
（三） 拓展延伸 自我发展	（1）有机会可以尝试到高山的山顶（约海拔2000 m）进行对比实验，研究周期与重力加速度的关系。 （2）这次小实验中，很遗憾不能得出定量结果，但这些遗憾可以通过后面的定量化的学生实验——"用单摆测定重力加速度"来弥补	为下节课的重要内容做铺垫
（四） 课堂小结 巩固提升	例1：甲、乙两单摆在同一地点做简谐运动的图像如图所示，由图可知（　　）。 A. 甲和乙的摆长一定相等 B. 甲的摆球质量较小 C. 甲的摆角大于乙的摆角 D. 摆到平衡位置时，甲和乙摆线所受的拉力可能相等 简谐运动的图像 例2：单摆的周期原来是2s，下列哪种情况下，周期将发生变化？（　　） A. 摆长变为原来的1/4 B. 摆球的质量变为原来的1/4 C. 振幅变为原来的1/4 D. 重力加速度变为原来的1/4	课堂上时间不够，可做课后的练习

板书设计：

一、单摆的回复力

$F_回 = -mgX/L$

二、单摆的周期

1. 猜想

2. 设计实验

3. 实验操作

4. 结论：

单摆做简谐运动的周期与摆长的平方根成正比，与重力加速度的平方根成反比，与振幅、摆球的质量无关，即 $T=2\pi\sqrt{\dfrac{l}{g}}$。

【教学反思】

探究过程中，教师控制着实验进行的节奏，按照"提出问题、制订方案→交流心得、修改方案→动手实验、探索规律→交流总结、得出结论→进行评价"的程序进行小实验，教师引导着学生的研究进程。这样的探究似乎还不完整，需要一个定量的结果，利用传统实验手段是比较困难的。在教学中如果利用DIS（数字化信息系统）测量单摆的周期，并利用Excel进行数据分析，必能取得较满意的教学效果，但在有限的课堂时间内依然可以使学生感受到探索带来的乐趣，学到探索知识的方法。

"光的干涉"教学设计

【教材分析】

本章是以光的波动性为主线，以光的干涉为重点进行编排的，所以这节课是本章的重点。光的干涉是光具有波动性的主要实验现象，本节内容的成功教学，将对学生关于光的本性的认知起到重要作用。在教学中介绍光的微粒说和波动说之争，以便引起学生对本节课的关注，同时在教学中体现新课程学习的理念："自主学习、合作学习、探究学习。"

【学生分析】

学生已经学过机械波的干涉现象，光的干涉比起机械波的干涉来说要深奥得多，机械波的干涉是以水波为例，形象、具体、可见，而光波就比较抽象，只能看到亮暗相间的条纹，不易理解其中的缘故，在教学安排上，要通过实验的对比、展示和学生的自主探究、合作学习，使学生逐步认识到光的干涉条纹中所蕴含的波的信息。

【物理学科素养】

1. 物理观念

（1）在学生已有几何光学知识的基础上引导学生回顾人类对光的本性的认识发展过程。

（2）在复习机械波干涉的基础上使学生了解产生光的干涉的条件和杨氏实验的设计原理。

（3）使学生掌握在双缝干涉实验中产生亮条纹和暗条纹的原因及条件，并了解其有关计算，明确可以利用双缝干涉的关系测定光波的波长。

（4）通过光的干涉实验使学生对光的干涉现象加深认识。

2. 科学探究方法、科学思维

教学主要从两个科学探究问题入手，培养学生的科学素养。

（1）在复习水波干涉的基础上，学生通过自主学习掌握产生光的干涉的条件，在双缝干涉实验中产生亮条纹和暗条纹的原因及条件。

（2）小组合作学习探究相邻两条亮条纹（或暗条纹）的间距与什么因素有关。

3. 科学态度与责任

培养学生合作的精神、团队的意识和集体的观念，培养学生循着科学家的足迹自主探究科学知识的能力，从而真正实现使每个学生都得到发展的目标。

【教学过程】

（一）课题引入

师：在日常生活中，我们会见到许多光学的现象，如彩虹。彩虹是如何形成的？

生：光的色散形成的。

师：又如"海市蜃楼"是如何形成的？

生：光的全反射形成的。

师：如雨后地上油膜的彩色纹路又是如何形成的？肥皂泡的彩色条纹又是如何形成的？

图4-2-1 彩虹

生：可能是光的折射形成的。

师：可以明确地说不是光的折射形成的，要知道形成的原因是什么，必须要知道光的本质是什么。

（二）新课教学

师：这个问题一直以来都是物理学家争论的问题，在17世纪以牛顿为代表的一派认为光是一种物质微粒，在均匀的介质中以一定的速度传播。以惠更斯为代表的一派认为光是在空间传播的某种波。你赞同谁的观点？

学生有赞成微粒说的，也有赞成波动说的。

请学生说一说赞同的原因。

师：干涉现象是波所特有的，假设光是一种波，则必然会观察到光的干涉现象。我们在哪里还学过波的干涉？

生：机械波的干涉。

复习机械波的知识。

观察水波干涉的视频。

师：两列水波相遇时发生了什么现象？

生：两列水波发生了干涉现象。

师：什么是干涉现象？

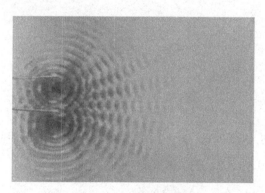

图4-2-2　水波干涉图

生：频率相同的两列波叠加，使某些区域的振动加强，某些区域的振动减弱，而且振动加强的区域和振动减弱的区域相互隔开，这种现象叫作波的干涉。

师：干涉所形成的图样叫作干涉图样。（多媒体展示：请在图中标出两列波相遇时振动加强的区域和振动减弱的区域。）

利用电脑在图中标出两列波相遇时振动加强的区域和振动减弱的区域。

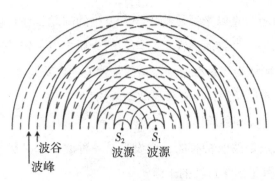

图4-2-3　波的干涉图样

师：我们曾经定量研究过波的干涉。M点到两个波源的路程差满足什么条件时，该点的振动加强？M点到两个波源的路程差满足什么条件时，该点的振动减弱？

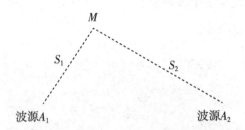

图4-2-4　研究波的干涉

生：路程差S_2-S_1等于0，λ，2λ，3λ，…该点振动加强。

$\Delta S=n\lambda$（n=0，1，2，…）

路程差S_2-S_1等于$\dfrac{\lambda}{2}$，$\dfrac{3\lambda}{2}$，$\dfrac{5\lambda}{2}$，…该点振动减弱。

$\Delta S=(2n+1)\dfrac{\lambda}{2}$（$n$=0，1，2…）

师：产生稳定的干涉图样的条件是什么？

生：两列波的波源频率相同，且振动情况完全相同。

师：如果要观察到光的干涉现象需要什么条件？

生：首先要两个完全相同的光源。

师：实际上很难找到两个完全相同的光源，所以很难观察到光的干涉现象。

时间就这样过了100多年，一直到1801年英国物理学家托马斯·杨在实验室里成功地观察到了光的干涉现象。（多媒体展示：托马斯·杨的双缝干涉示意图）

师：在挡板上开两条很窄的狭缝，当一束单色光投射到挡板时，两条狭缝相当于两个完全相同的光源。下面我们就来做一做这个实验。

演示实验：双缝干涉实验

实验现象：亮暗相间等距的条纹。

师：等距的含义是什么？

师：相邻两条亮条纹（暗条纹）的中心线之间的距离相等，不是指亮条纹（或暗条纹）的宽度。

师：如果你是托马斯·杨，你该如何解释光屏上出现的亮条纹（暗条纹）？光屏上出现亮条纹（或暗条纹）的条件是什么？

小组讨论，形成共识，派代表阐述原因。

生：S_1、S_2相当于频率相同的波源，亮条纹是两列光波的波峰与波峰（或波谷与波谷）相遇的地方，暗条纹是两列光波的波峰与波谷相遇的地方。

S_1和S_2到光屏上某一点P_1的光程差 $\Delta S = P_1 S_2 - P_1 S_1$

当$\Delta S = n\lambda$（$n=0$，1，2，3…）时，该点出现亮条纹；当$\Delta S = (2n+1)\dfrac{\lambda}{2}$（$n=0$，1，2，3…）时，该点出现暗条纹。

分组探究：相邻两条亮条纹（或暗条纹）的间距Δx与什么有关？

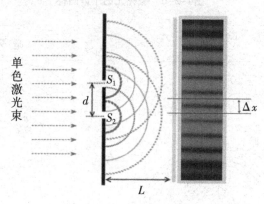

图4-2-5　双缝干涉实验

师：大家先来猜测一下，相邻的两条亮条纹间距Δx与什么有关？

生：可能与挡板和光屏之间的距离L有关，L越大，Δx越大。

师：那我们如何证明这种猜测？首先我们可以用实验来证明。

演示实验：将挡板与光屏之间的距离L减小。

师：的确Δx较小，除此之外我们还可以用什么方法证明？

（多媒体展示：用干涉图样可以定性说明L与Δx的关系）

师：现在我们大家一起用同样的方法探究Δx还与什么有关。

探究工具：几张干涉图样、直尺、两种颜色的记号笔。

探究方法：控制变量法、归纳法。

小组探究的结果：双缝的间距d越小，光屏到挡板间的距离L越大，光的波长λ越大，则相邻两条亮条纹（或暗条纹）的间距Δx越大。

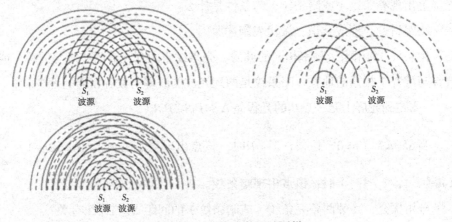

图4-2-6　探究光的干涉图样

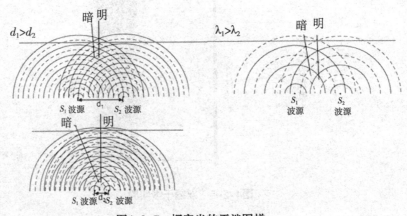

图4-2-7　探究光的干涉图样

师：理论上可以证明 $\Delta x = \dfrac{L}{d}\lambda$。

你能否根据所学的知识，设计一种测量某种可见光波长的方案？

小组讨论：介绍一种方案。

生：由 $\Delta x = \dfrac{L}{d}\lambda$ 可知：$\lambda = \dfrac{\Delta x d}{L}$。

只要测出双缝的间距 d、光屏到挡板间的距离 L、相邻两条亮条纹（或暗条纹）的间距 Δx，就能知道这种可见光的波长。

实例：双缝的间距 d=0.18 mm。

光屏到挡板间的距离 L=90 cm。

相邻两条亮条纹的间距 Δx=3.50 mm。

则此单色光的波长为多少？

生：$\lambda = \dfrac{\Delta x d}{L}$，$\lambda = 7 \times 10^{-7}$m。

师：光的波长单位往往用纳米表示，λ =700 nm。

师：物理学家用这种方法就可以知道各色光在真空里传播的波长及频率。

表4-2-3　各色光在真空中的波长数据

各色光在真空中的波长			
光的颜色	波长（nm）	光的颜色	波长（nm）
红	770～620	绿	580～490
橙	620～600	蓝、靛	490～450
黄	600～580	紫	450～400

师：红光的波长最大，紫光的波长最小。因此红光的干涉条纹间距最大，紫光的干涉条纹间距最小。

图4-2-8　紫光的干涉条纹

图4-2-9　红光的干涉条纹

师：如果用白光做双缝干涉实验，在光屏上会出现什么现象？

生：会出现亮暗相间的彩色条纹。

教师展示示意图。

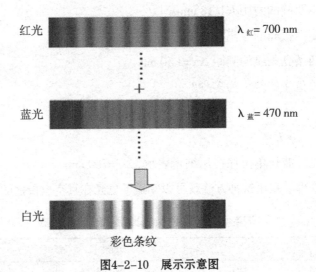

图4-2-10　展示示意图

板书设计：

1. 双缝干涉实验

当 $\Delta S=n\lambda$（$n=0$，1，2，3，…）时，该点出现亮条纹；当 $\Delta S=(2n+1)\dfrac{\lambda}{2}$（$n=0$，1，2，3，…）时，该点则出现暗条纹。

2. 相邻两条亮条纹（或暗条纹）的间距 $\Delta x=\dfrac{L}{d}\lambda$。

3. 白光双缝干涉：亮暗相间的彩色条纹。

【教学反思】

本节课采用的是典型的探究式课堂教学方式，教学中设置两个探究点，学生在自主学习、合作学习、探究学习的过程中掌握了知识和方法，在学习的过程中兴趣盎然，积极主动地参与到教学中，而且还培养了学习物理的兴趣。

注：准备好三棱镜、凸透镜、泡泡水、油脂、水等，可以让学生在阳光灿烂时，在室外进行白光的干涉、光的色散等实验。

第五章

课外体验活动案例及学生成果

　　科学技术是第一生产力，人类的进步、社会的发展，都依赖于科技的发展和创新；创新是一个民族的灵魂，是一个国家兴旺发达的不竭动力，世界上多数国家都将创新作为提高国家竞争力的重大战略。在新时代教育背景下，以培养学生创新精神和科学素养，注重学生实践能力和个性发展为目标的科技创新实践活动越来越受到学校和社会的重视。基于"实践创新、自主发展"的教育思想，自2017年以来，我们以"科技与创新"为主题，策划了"创意物理小发明""水火箭""自制简易马达"等多个物理课外体验活动项目。活动作品的原材料均就地取材，体现了作品的原创性；活动作品的设计，科学依据正确，样式新颖独特，体现了作品的创新性，真正体现了"从生活走向物理，从物理走向社会"。

第一节　课外体验活动案例

"吹管箭打靶比赛"课外体验活动案例

表5-1-1 "吹管箭打靶比赛"课外体验活动案例

名称	吹管箭打靶比赛	类别	团队项目
适用年级	高一、高二、高三		
目标	学生通过动手制作吹管箭及参与打靶比赛，既强化了物理知识，又锻炼了动手能力和实践创新能力		
知识	平抛运动、动量定理		
材料	圆管、箭体（箭体由空心圆锥体形状的箭头、箭杆和尾翼构成）、箭靶		
制作	吹管箭包括圆管和箭体，箭体由空心圆锥体形状的箭头、箭杆和尾翼构成。其特点在于圆锥体的直径和圆管内径相等，用来受风，为箭体提供动力，尾翼保证箭体稳定前进	吹管箭制作示意图	
过程	1. 每班派一个代表队参赛，作品必须是自己制作完成的，不得使用购买的商业模型参加比赛。		

名称	吹管箭打靶比赛	类别	团队项目
过程	2. 比赛先后次序由赛前抽签决定，抽签结果赛前由组委会通知到各队。 3. 比赛分预赛和决赛，每队各有3次射击的机会，射击距离为6 m，3次累积环数前八名进入决赛。 4. 进入决赛的8个代表队，按3次射击累积环数取一等奖1名，二等奖2名，三等奖5名	 "吹管箭打靶"比赛现场图	
说明	1. 吹管箭制作及发射都较为简单，只需将箭体放入管内，用口对着管口向内用力吹气即可。 2. 该项目有一定的危险性，要提醒学生注意安全		

第二节 物理课外活动设计示例

——以2018年物理科技创新节为例

活动方案

一、活动目的

能够将课堂所学的知识运用于实践，培养学生的动手能力和热爱科学的兴趣。

二、活动对象

高一、高二年级学生。

三、组织机构

总负责：刘崎、冯兆明。

成员：康健、邓润来、刘兰春、廖振亮、廖志勇。

四、比赛项目

活动分个人、团体两个项目。

1. 个人项目

"创意物理小发明"制作和展示活动。

"小发明"制作物理原理：高一年级限力学相关知识；高二年级限电磁学相关知识。各班报名项目不限。

2. 团体项目

"水火箭"制作和比赛活动。

"水火箭"项目，每个班可组一到两个团队（每个团队共3～5人，其中队长1名）。

五、奖励方案

个人、团体项目分别评一、二、三等奖若干名，颁发奖状和奖金（或奖品）；所有参与者均获得活动纪念品。

六、报名时间

2018年3月12日—3月16日。

七、报名办法

在报名时间内，以班级为单位组织学生报名，3月16日（星期五）下午前，各班物理科代表将报名表交各年级负责教师。

高一年级负责人：邓润来老师。

高二年级负责人：康健老师。

学生报名表——"水火箭"

团队名称		班级	
成员		指导教师	
		队长	
材料			
设计原理 （可附页）		原理图	
制作（演示） 过程		作品实物图	

说明：请队长按要求填好电子表格，于3月30日前将纸质及电子表格（电子表格按"水火箭+队名"命名）交到各年级负责教师处。

"水火箭"比赛规程

一、比赛时间

4月2日下午4：00—6：00。

二、比赛地点

学校智明运动场。

三、参赛年级

高一、高二年级（共38队）。

四、组织机构

总负责：刘崎、冯兆明。

裁判：刘崎、冯兆明、李宜祥、邓文辉。

检录：刘兰春、康健。

评分员：邓润来、康健、刘兰春、廖振亮、刘克连、万更永、肖世平、张雁方。

距离测量：廖志勇、李建平。

记录：张民、陈小军。

器材：冯兆明、李建平。

后勤：康健、邓润来。

通信：毛健、陈亚东。

五、评分标准

（1）作品设计原理　　　　　　　　　　　（满分：20分）

（2）作品制作原创性　　　　　　　　　　（满分：30分）

（3）箭体落点距离目标靶的直线距离　　　　（满分：50分）

六、录取名次和奖励（奖金+证书）

（1）最优团队奖（1名）　　　　　　　　奖金100元+奖杯一座

（2）一等奖（1名）　　　　　　　　　　奖金80元+证书

（3）二等奖（5名）　　　　　　　　　　奖金50元+证书

（4）三等奖（15名）　　　　　　　　　　奖金20元+证书

七、其他补充说明

（1）比赛前各队长尽快凭参赛证到赛场检录，否则取消比赛资格。

（2）每队最多两次发射机会。

（3）比赛结束一周后进行总结颁奖，每位参赛者都将获得纪念品一份。

活动总结

开展科技创新活动　发展学生核心素养

　　2015年3月30日，教育部在《教育部关于全面深化课程改革落实立德树人根本任务的意见》中提出了"核心素养体系"这一概念，并将其置于深化课程改革、落实立德树人目标的基础地位，成为下一步深化课程改革工作的关键因素，也将其称为我国未来基础教育改革的灵魂。核心素养也是知识、技能和态度等的综合表现。它是知识、能力、态度或价值观等的融合，既包括问题解决能力、探究能力、批判性思维等认知性素养，又包括自我管理、组织能力、人际交往等非认知性素养。

　　在《普通高中物理课程标准（2017年版）》中明确提出课程最根本的核心是：在课程目标的实施上关注学生综合素质的培养；在课程设计上更加关注教学方式多元化；在课程结构上关注基本教学知识和环节；在课程内容上做到与高中生认知水平相适应；在课程实施上更关注学生的主体性，调动学生积极主动探究，培养学生的自主学习能力。高中物理课程应促进学生自主学习能力的培养，让学生积极参与、乐于探究、勇于实验、勤于思考。

　　我校在中国教育改革大背景的前提下，利用生活资源，加强课程内容与学生生活体验，引导学生主动参与、勤于动手、乐于体验，使知识有活力，生活有价值，也为学生的终身发展和应对现代社会发展的挑战奠定基础。为此，我校开展了一系列物理科技创新活动，如"让鸡蛋飞""自制简易马达"和"水火箭"等。

　　为了顺利开展活动，物理组进行了整体规划，制定好方案并张贴海报进行宣传，发放报名表让学生报名和填写相关内容等。整个活动有具体的时间安排：准备阶段，指导各班组建活动小组和调查分析学生的学习现状；实施阶段，启动活动方案，按计划有步骤地落实；总结阶段，进行活动成果展示和比赛并对优秀作品进行表彰。

　　活动的内容安排如下：实验设计展示比赛——"让鸡蛋飞"，即鸡蛋从

10 m高空抛下不破（参与年级：高一）；实验动手操作比赛——"制作简易马达"（参与年级：高二）。

在活动的准备过程、比赛过程和赛后反思等环节里，学生对物理知识有了更好的生活体验，核心素养有了更全面的发展。

（1）"让鸡蛋飞"活动的创意为：学生自主选择材料，按照活动要求，自主设计延长鸡蛋与地面作用的时间及降低鸡蛋下落时撞击地面的瞬时速度的方案，进行实践探究，提高自主实验能力；培养学生从实际问题出发，自备材料，设计方案，以及对活动过程和现象进行综合分析的能力；培养和训练学生良好的实验习惯，勇于挑战自我、勇于创新的意识以及团队合作能力；培养学生对物理学习的兴趣，以及加强学生对生活中的物理知识的体验。

为了引导学生更好地进行准备，我们制定了比赛规则：要求将一枚普通生鸡蛋从高处抛到水泥地面上指定的范围内，在蛋壳不破裂的前提下，辅助机构质量越轻，下落时间越短，着陆越准确，装置外观越完整、美观，得分越高，得分最高者为胜；比赛用鸡蛋不能经物理或化学方法处理，鸡蛋及其辅助机构自行设计和准备，辅助机构的任何部分不允许事先置于着陆地点以及下落路线中。

在活动的过程中，学生会提出问题：一个鸡蛋从十几米高的上空掉在水泥地面上会怎样？我们用什么办法可以让鸡蛋从高处落下而不破？小组展开讨论：①怎样降低鸡蛋着地前的速度？②怎样延长鸡蛋和地面相互作用的时间，减少冲击力？③怎样使作用力平均分布于鸡蛋的表面？在小组讨论的基础上，制订切实有效的方案，准备材料，动手制作，并进行自主实践和方案完善。

（2）"自制简易马达"活动是让学生利用物理的电磁学知识制作简易小马达。在活动之前召集学生，告知活动主要内容，让学生提前做好准备，设计好自己的制作思路，收集在活动时可能用到的特殊材料。活动所需材料提前备好，要丰富多样。活动时先给学生讲解理论知识，在学生掌握制作原理的基础上再让其动手实践，可以在整个过程中少走弯路。在比赛过程中，给出步骤引导学生自己操作：①用砂纸打磨漆包线两头的表面油漆，露出铜丝；②将打磨后的漆包线弯折成合适的形状；③把磁铁吸附在电池负极，安装调试，制成马达。要求制作的马达外观漂亮、有创意、能稳定持续运转。在制订活动方案的过程中，要培养学生的实际操作能力和发散性思维，对于制作的科技作品，不拘泥于固定模式，给学生留有充分的想象空间。

这是一次动手动脑的物理学科活动，具有很强的综合性、实践性、自主性和趣味性。通过教师精心安排，认真组织，学生的参与热情高涨，激发了学生学习物理的兴趣。在"让鸡蛋飞"的活动中，所有作品的原材料都来自生活，都是学生思考的结晶，有的作品很有创意，科学依据正确，样式新颖独特，有的侧重缓冲装置，有的改变降落方式。比赛重要的不是成功与否，而是是否参与其中，乐在其中，学在其中。"自制简易马达"活动不仅增长了学生的课内知识，还激发了学生对科学探索的兴趣，锻炼了学生的动手能力，让学生在实践中感受到创造的乐趣，体验到获得成功的快乐，发挥了学生的聪明才智，培养了学生学科技、爱科技的意识，促进了学生整体素质的全面发展，增强了学生的科技意识、创新精神和实践能力以及收集信息的能力。

科技创新节活动圆满结束，取得了令人满意的效果，完成了预定的目标。通过这次活动，更好地培养了学生良好的实验习惯，勇于挑战自我、勇于创新的意识以及团队合作能力；增强了学生对科学技术的兴趣和爱好，使科技活动有效开展；激发了学生学习物理的兴趣，活跃了校园文化生活，丰富了学生的课余文化生活；增强了学生之间的团结与合作意识，加强了班级的凝聚力。学生通过自主活动、自主参与、自主管理、自主发展，展示欲和求知欲得到了充分展现，让学生的核心素养有更大的提高，实现了在活动中对物理知识的生活体验，"从生活走向物理，从物理走向社会"。

发表于《梅州教育》2017年第5期

活动推广

《梅州教育》2017年第4期对我校举办物理科技创新活动进行报道和推广

物理科技创新节颁奖典礼

水火箭团队

让鸡蛋飞比赛现场(鸡蛋完好无缺)

简易马达比赛现场(马达转起来啦!)

——梅州市曾宪梓中学2017年物理科技创新节

日前，梅州市曾宪梓中学运动场上一枚枚水火箭腾空而起，传来师生们阵阵的欢呼声和热烈的掌声；与此同时，一个个装着鸡蛋的特殊装置从物理实验楼10米高处自由落下，惊叹声、欢呼声此起彼伏，整个校园沸腾起来。

这是该校"2017年物理科技创新节"学生活动现场。物理科组以"体验与创新"为主题，策划了"让鸡蛋飞"、"水火箭"、"制作简易马达"等三个趣味比赛项目。其中"让鸡蛋飞"、"水火箭"比赛是属于团体项目，它侧重于培养学生的团队合作意识；"制作简易马达"比赛是属于个人项目，它侧重于培养学生的个人创新能力。比赛中所有作品的原材料都取自生活，都是学生经过思考与智慧的结晶，展示的作品很有创意，科学依据正确，样式新颖独特，真正体现"从生活走向物理，从物理走向社会"。

同时，本次物理科技创新节也是该校物理科组2016年立项的广东省教育科学"十三五"规划重点课题《基于生活体验的高中物理有效教学实践研究》的系列活动之一。物理课题组全程做了非常周密地安排，先在学校高一、高二年级进行了广泛的动员，共有吸引了近三百名学生参与。从活动启动到作品指导，从比赛展示到总结颁奖，历时两个多月，最终物理科技创新节圆满落幕，引发学校师生强烈地共鸣，此次活动寓教于乐，通过学生亲身实践，动手操作，使学生把课堂所学的知识能够运用于实践，培养了学生的动手能力，培养了学生热爱科学的兴趣，同时为学校如何培养学生的科学素养提供很好地实证。（供稿人 刘崎）

水火箭发射比赛即将开始

水火箭发射现场

第三节　课外体验活动学生成果

"水火箭（1）"课外体验学生成果

表5-3-1　"水火箭（1）"课外体验学生成果

团队名称	吾比徐公美队	班级	高一（8）班
成员	李伊然、张嘉雄、王美华、丘锐翔、罗心颖	指导教师	万更永
		队长	李伊然
材料	可乐瓶、塑料板、胶塞、胶带、卡纸、气门芯		
设计原理（可附页）	利用气门芯往瓶内打气，使瓶内气压增大，将胶塞和水冲出，水的反作用力使火箭冲出	"水火箭"设计图1	
制作（演示）过程	准备两个可乐瓶，其中一个剪去底，套在另一个上面，用胶带缠好。准备一个胶塞，打孔并插入气门芯作为喷嘴。火箭头内填入纸团，增加重力，防止火箭上飘。水火箭的尾翼仿照飞镖的尾翼制作，起平衡作用，防止箭身打转，使用塑料片制作更牢固。箭头由塑料片卷成圆锥形制成，减少了阻力。用漂亮的卡纸装饰，增加火箭的观赏性	"水火箭"作品实物图1	

"水火箭（2）"课外体验学生成果

表5-3-2 "水火箭（2）"课外体验学生成果

团队名称	性感火箭在线上天队	班级	高一（6）班
成员	郭丘乾、赵培良、杨东旭、丘思萌、卢忠秀	指导教师	廖志勇
		队长	郭丘乾
材料	两瓶1.25L塑料瓶、胶带、硬纸、喷嘴、活塞、502胶水、塑料圆锥筒		
设计原理（可附页）	用打气筒往装了少许水的塑料瓶内打气，当瓶内的气体达到一定的压强时，水会向后喷出；根据动量守恒定律，水向后喷出的瞬间，"水火箭"（瓶身）获得向前的速度	"水火箭"设计图2	
制作（演示）过程	1. 在室外寻找空旷地带，用砖块和铝板调节某个倾斜的角度作为"水火箭"的发射台。 2. 往制作好的"水火箭"的瓶中倒入约四分之一的水，用胶塞塞紧，将打气筒与气针连接，放在发射台上。 3. 用打气筒连续不断地打气，当"水火箭"内的气体达到一定压强时，"水火箭"里的水向后喷出，"水火箭"瞬间向前飞出	"水火箭"发射现场 "水火箭"作品实物图2	

"自制简易发动机（螺旋形）"课外体验学生成果

表5-3-3 "自制简易发动机（螺旋形）"课外体验学生成果

设计者	黄于琳		
班级	高二（8）班	指导教师	廖振亮
材料	一节干电池、两块磁铁（纽扣磁铁）、一段漆包线、砂纸		
设计原理 （可附页）	通过通电线圈在磁场中受力转动带动起动机转子旋转，转子上的小齿轮带动发动机飞轮旋转	 "自制简易发动机"设计图1	
制作 （演示） 过程	1. 漆线打磨：用砂纸打磨漆包线两头的表面油漆，露出铜丝。 2. 线圈制作：根据电池规格，将打磨后的漆包线弯成合适形状。 3. 连接安装：把磁铁吸附在电池负极上，将线圈和电池连接。 4. 反复调试：反复进行调试，最后制成可持续转动的电动机	 "自制简易发动机"比赛现场1 "自制简易发动机"作品实物图1	

"自制简易发动机（支架形）"课外体验学生成果

表5–3–4　"自制简易发动机（支架形）"课外体验学生成果

设计者	丘嘉琪		
班级	高二（10）班	指导教师	冯兆明
材料	漆包线100 cm、大回形针2个、圆盘形磁铁2个、塑料环2小段（长度约0.5 cm）、免洗纸杯1个、胶带1段、电池与电池座（3V，附鳄鱼夹）1组、圆柱形物体1个（直径约2～3 cm）、尖嘴钳1把、美工刀1把（或细砂纸）		
设计原理（可附页）	电动机是一种旋转式机器，能将电能转变为机械能。它是利用通电线圈在磁场中受力转动的现象制成的 "自制简易发动机"设计图2		
制作（演示）过程	1. 将漆包线紧密绕圆柱形物体10圈左右，成一线圈，线圈两端留下4～5 cm的引线，然后把两条引线分别在线圈圆周的相对位置缠绕线圈数次。 2. 取一免洗纸杯，杯底朝上放置，在杯底上端（外部）与下端（内部）各放置一个圆盘形磁铁。 3. 用尖嘴钳将两个大回形针分别弯成如设计图所示的形状，以便作为线圈支架及导线用。 4. 线圈的两条引线上各套上一个塑料环，然后将线圈架在回形针上，调整引线并使两条引线成一直线且保持水平。如此简易发动机就制作完成了	 "自制简易发动机"比赛现场2 "自制简易发动机"作品实物图2		

"鸡蛋撞地球（缓冲包装型）"课外体验学生成果

表5-3-5 "鸡蛋撞地球（缓冲包装型）"课外体验学生成果

团队名称	尚逸组	班级	高一（1）班
成员	陈烨、林伟辰、李维聪、吴逸凡、邹嘉欣、赖雨涛、赖彦欣、古敏苑	指导教师	康健
		队长	陈烨
材料	生鸡蛋、胶纸、海绵、纸皮等		
设计原理（可附页）	用较多的减震材料将鸡蛋严严实实地包裹起来，比如泡沫、棉花、各种填充材料等。通过这些材料的缓冲作用，达到保护鸡蛋的目的	"鸡蛋撞地球"作品实物图1	
制作（演示）过程	1. 找一块边长约10 dm的立方体海绵，上面掏个略深于鸡蛋长的坑，且口大内小，使鸡蛋尖头朝下放到坑中要正好卡在口上，而鸡蛋下方到坑底仍有一小段距离。 2. 气球吹大后用三四根线绑住海绵，保证坑口朝上。 3. 将制作好的装置从阳台（10 m左右）自由释放。 4. 打开落地后的装置，检查鸡蛋有没有摔碎。若鸡蛋完好，则实验成功	"鸡蛋撞地球"设计图1	

"鸡蛋撞地球（降落伞型）"课外体验学生成果

表5-3-6　"鸡蛋撞地球（降落伞型）"课外体验学生成果

团队名称	6+6	班级	高一（3）班
成员	邓桂玉、曾绮玲、张洋、洪亿华、林煜、罗汀雯、黄佳炜	指导教师	刘兰春
		队长	邓桂玉
材料	生鸡蛋、胶纸、海绵、纸皮等		
设计原理（可附页）	利用降落伞增大空气阻力，以使鸡蛋连同整个装置达到以较小的速度且匀速下落，平稳落地	"鸡蛋撞地球"设计图2	
制作（演示）过程	1. 拿出一个塑料袋、一个塑料杯子、两块海绵以及四根绳子。 2. 先用垃圾袋做伞面，接着用四根绳子分别绑住塑料的四个角，使塑料撑起来，然后在绳子的另一端固定好杯子。 3. 在杯子的底部放上两块海绵，以减少鸡蛋落地时的振动。 4. 将制作好的降落伞鸡蛋装置从约5 m的高处自由释放	 　"鸡蛋撞地球"作品实物图2	

参考文献

［1］中华人民共和国教育部.普通高中物理课程标准（实验）［M］.北京：人民教育出版社，2003.

［2］吴士颖.外国教育史教程［M］.北京：人民教育出版社，2010.

［3］胡金平，王雯.中外教育史［M］.苏州：苏州大学出版社，2000.

［4］华中师范学院教育研究所.陶行知全集第五卷［M］.湖南：湖南教育出版社，1985.

［5］王定华.美国基础教育：观察与研究［M］.北京：人民教育出版社，2016.

［6］王沛，康廷虎.建构主义学习理论述评［J］.教师教育研究，2004（5）：18-22.

［7］刘君.新课程背景下高中物理生活化教学与实践［D］.长春：东北师范大学，2007.

［8］D. A. 库伯.体验学习：让体验成为学习和发展的源泉［M］.王灿明，朱水萍，译.上海：华东师范大学出版社，2008.

［9］颜国英，张皓晶，郑原深，等.5E教学法在中学物理重心概念教学中的探讨［J］.物理教师，2018（5）：27-29.

［10］鲁世明.浅谈"探究·建构·发展"开放式教学模式［J］.物理教师，2016（8）：25-28.

后 记

  本书是从物理与生活的关系和物理教学与物理实验的角度，根据《普通高中物理课程标准（2017年版）》的要求配合普通高中课程标准粤教版教材的主要知识点而编写的，其内容涵盖高中物理课程的必修、选修系列，共有七个模块的相关内容。第一章就其理论基础和建构模式进行介绍；第二章至第四章第一节是按"四八六"模式开发的生活体验活动案例（分新课引入教学、概念教学、规律教学和习题教学四类），主要作为物理教学的实验资源使用，第四章第二节是基于"体验、建构、发展"的开放式教学设计，主要作为教案使用；第五章主要作为教师指导学生开展物理课堂活动使用。

  本书具有较强的创新性和实践性，对广大中学物理教师基于新课程改革的教学设计具有一定参考价值，也可供从事物理教学研究专业的人员参考。

  在本书出版之际，笔者要特别感谢华南师范大学物电学院王笑君教授的悉心指导，同时要感谢梅州市曾宪梓中学领导和同事的关心和支持；感谢课题组成员冯兆明、康健、廖志勇、廖振亮、邓润来、刘兰春、李建平、向敏龙老师，有些活动案例和教学设计就来自他们的课堂教学；感谢广东省刘崎名师工作室学员刘兰春、黄兴仲、陈海云、陈学写、廖国才、黄洪波、魏志斌、陈文老师，他们为收集、整理活动案例的素材和参与案例开发也付出了辛勤的劳动！

  由于编者水平有限，书中错漏之处在所难免，恳请广大读者批评指正。同时，由于我们的疏忽，在运用成果和文献时可能会遗漏一些注释，在此向相关作者表示尊敬和歉意。

刘崎
2019年12月